L'économie,
science des
intérêts passonnés ;
Introduction
à l'anthropologie
économique de
Gabriel Tarde

情念の経済学

タルド経済心理学入門

著
ブリュノ・ラトゥール、
ヴァンサン・A・レピネ
Bruno Latour,
Vancent Antonin Lépinay

訳
中倉智徳
Tomonori Nakakura

人文書院

情念の経済学　目次

はじめに　7

凡例

・原文でイタリックの箇所は、傍点で示す。
・原文で大文字によって強調されている箇所は、太字で示す。
・原注は脚注で示し、短いものは本文中に角括弧［ ］で挿入した。
・訳注は本文中に亀甲括弧〔 〕で挿入した。
・原則として仏語版を底本としている。ただし、仏語版と英語版では細かな異同が多数ある。例えば、英語版は『経済心理学』からの引用の巻数・ページ数の削除や、注の大幅な削除がなされている。しかし他方で、フランスの地理や事情に詳しくない人にむけた言い換え・補足などが少なからずなされている。これらは日本の読者にとっても有益であると考えられたため、英語版にしかない文章も訳出している。

情念の経済学——タルド経済心理学入門

経済科学を数学化しようという傾向と、それを心理学化しようという傾向は両立しないわけではまったくなく、むしろ、われわれの目には、相互に支えあっているに違いないようにみえるのである。

したがって、自由放任主義《レッセ・フェール》の学説は、社会有機体説と非常に強い親和性を有しており、そのため、一方に対して向けられた打撃は、その余波でもう一方も傷つける。

――ガブリエル・タルド

はじめに

想像してみよう。カール・マルクスが『資本論』を刊行したのに、誰からも注目を集めなかったとしたら、いったいどうなっていたのかを。一世紀後、この本が再発見されたとき、人びとはその豊かさと大胆さを前にして驚くだろう。学術的にも政治的にも社会的にも何の影響をもたらさず孤立しており、一人の弟子も一つの解釈も育《はぐく》むことなく、そんな状況を一変させるような応用の試みもなかった著作なのに、と。行動力ある人びとが、マルクスの著作の代わりに、ガブリエル・タルドの一九〇二年の著作『経済心理学』をバイブルにしていたなら、二〇世紀の歴史はどれほど違ったものになっただろうか！　とはいえ、こんな歴史的フィクションのささやかな試みを通じて、現実の歴史のなかでマルクスの議論が占めてきた役割をタルドが果たすような政治経済学理論を再発明するためには、まだ遅すぎはしないかもしれない。

一見すると、後継者のいなかったこの社会学者のとりとめのない話を真面目にうけとるのは難しいように思われるだろう。彼は、暇人たちのおしゃべりを「生産要素」として取り扱う。悲しき労働に与えられた中心的な役割を否定する。資本の概念を、「胚」（ソフトウェア）と「子葉」（ハードウェア）に区分し、前者のほうが優れているという。さらに、パンの価格変動に対するのと同じ真剣さをもって、当選した政治家の権威の変動を「グロリオメーター」〔栄光計〕と呼ぶ道具によって追い求める。彼が生産の典型例として取り上げるのは、みなとおなじ良きピン工場ではなく、出版産業である。それは、書物そのものの普及と同時に、そのページに含まれている観念の普及に関心をもっているためである。彼はまるでエコノミーとエコロジーとがすでに絡み合っていたかのように、生権力の問題を取り扱う。ダーウィンからマルクスへ、アダム・スミスからクールノーへと苦もなく移っていくが、経済科学の通常の部門を少しも信じていない。軍事産業や植民地化と同じくらい、贅沢、流行、消費、品質、品質保証、余暇に関心をもつ。彼は、芸術市場、哲学的な観念の普及、道徳、法律といった事例を取り上げ続けており、まるでこれらすべてが富の生産において等しく取り扱われるかのようである。彼は科学を、イノベーションを、イノベーターを、暇そのものを、経済活動の基礎におく。鉄道のレールや電信用の電線の延長、報道における広告やツーリズムの拡大をたどることに、きわめて長い時間を費やす。そしてなにより、彼は資本主義が実在していることを信じていないし、一九世紀に冷たい計算と商品支配の恐るべき増大をみようとせず、反対に、市場の拡大を、情念の拡大として定義する。さらに彼は、社会主義者を、アソシエーションと組織化へとむかう新たな熱狂を発明したとして祝福するのである。それで、われわれは、こんな古い反動家に興味を向けようというのか？　こんな経済学の考古学的断片に、もう一度光を当てようというのか？

まさしくそのつもりである。『資本論』を読むときであっても、一世紀以上にわたって積み重ねられてきたさまざまな解釈の恩恵を得られなかったら、それを読むのは非常に厄介に思えるだろうことを正直に認めよう。タルドの経済学においてはすべてが奇妙にみえるだろうが、それはすべてが新しいからかもしれないのだ。――少なくとも、われわれはこのことを示したいと願っている。彼は、最初の大規模なグローバリゼーションの時代のただなかで書いている。当時のあらゆる技術的イノベーションに取り組んでいる。階級闘争を道徳問題と政治問題から把握している。生‐社会学 bio-sociologie に深く取り組んでいる。当時は夢見ることしかできなかったが、現在ではデジタル化技術の発展のおかげで実現可能となった量的分析の方法を打ち立てている。これらの特徴のために、一世紀後の新たなグローバリゼーションの時代、道徳的にも社会的にも、金融的にも政治的にも、エコロジー的にも危機にある時代のただなかであっても、この著作の紹介がまったく新しいものにみえるのだ。われわれはこの孤立した書物《アパックス》を、経済学史家が興味をそそられるような単なる好奇心の対象として提示しているのではなくて、われわれの過去を別のしかたで取り戻すために、そして結果的に、われわれの未来を別のしかたで決めるために、きわめて重要な文章だと示したいのである。

われわれは最初、二巻本の大著『経済心理学』を再刊しようと考えていたが、出版市場のきわめて大きな変化に直面することとなった――それ自体がまさにタルド的な変化だ。原著が画像形式では Gallica のウェブサイト（http://gallica.bnf.fr/）〔ガリカ：フランス国立図書館のデジタルアーカイブ〕で、テキスト形式ではカナダの素晴らしいウェブサイト Les classiques des sciences sociales（http://classiques.uqac.ca/）〔ケベック大学シクチミ校の社会科学の古典を掲載しているウェブサイト〕でアクセス可能となったことで、ひどく高いコストをかけてまでこの著作全体を刊行することがあまり意味をもたなくなった。(1) そのためわれわれは、この序文だけを切り離して刊行することを決めた。読者がデジタル版の原著をもっと調べたくなるように、原著の比較的長い引用をつけてある。くわえて、PCの画面上で読むのが嫌いな読者や、二巻からなる大部の著作全体を印刷することでプリンターに負荷をかけすぎてしまいたくない読者のために、この著作の重要性をもっともよくあらわしているとわれわれが感じたテキストを選んで、ウェブサイトに掲載している。[2]

タルドの提起する問いはとてもシンプルなものだ。それは、一八世紀に登場してその後の世紀でもずっと発展を続けてきた、政治経済学という驚くべき観念に、何が対応しているのか？　という問いである。彼によれば、観念こそが世界を導くのであり、より具体的には、経済学者が自らの学問に適した主題でつくりだした観念が、世界を導く……。これに対応するのは、科学と政治に関するどんな奇妙な観念なのだろうか？　タルドが政治経済学の理論に与えようとしている大きな変化を理解するためには、観念、意見、議論を

（1）とくにタルドのこの著作については、下記リンクでアクセス可能である。http://classiques.uqac.ca/classiques/tarde_gabriel/psycho_economique_t1/psycho_eco_t1.html。

（2）われわれが抜粋したテキストは、ウェブサイト http://www.bruno-latour.fr/ 上で読むことができる〔二〇二〇年現在、この抜粋は確認できない〕。

ひっくり返すことが先決である。そう！　タルドにとって、上部構造が下部構造を「最初の瞬間から最後の瞬間にいたるまで」決定しているのであり、後でみるように、実をいえば、下部構造など存在しないのだ……。

この奇妙な革命家、無神論的唯物論者――人はそう呼ぶだろう――は、市場の人類学が発展する一〇〇年前に、左派・右派のどちらの当時の経済学者たちの無神論的唯物論のなかにも、きわめて倒錯したかたちで神が隠れていることを見抜いた。じっさいタルドは、奇跡的な摂理だけが、見えざる手あるいは見える手によって、予定調和を自動的に生み出すことができると考える、すべての者を批判した。その予定調和が市場によるのか国家によるのかは、彼にとってはあまり重要ではなかった。というのも、彼からみれば、政治経済学の発明者のほぼ全員がこれに同意するだろうからであり、そして何よりも、経済学が独自の分野として実在するということに同意するだろうからである。ところで、これこそが、まさにタルドが反論したことであった。

組織をもたず、党派をもたず、後継者ももたず[3]、ほとんど先駆者さえもたないこの孤独な革命家は、経済的な主題について、われわれが本当に無信仰者、不可知論者〔神が実在するかどうかわからないとする立場〕であったとしたら、どうなるだろうかと問うている。「経済において主である神がまったくいなくなったら、いったいどうなるのか？」ということこそ、けっきょく彼が問題にしていることである。まったく超越性のない内在性を展開していくことを本気で受け入れたなら、われわれはふたたび政治にかかわることができるのではないだろうか？　摂理と自動的な調和の神の信者、富《マモン》の信者、同様に国家

（3）われわれの知るところ、タルドの著作の重要性をすべて示そうとする唯一の著作が、マウリツィオ・ラッツァラートの著作　*Puissnace de l'invention: La Psychologie économique de Gabriel Tarde contre économie politique*（Les Empêcheurs de penser en rond, Paris, 2002）〔発明の力能——政治経済学に抗するガブリエル・タルドの経済心理学〕である。タルドとドゥルーズのつながりについてより深く分析するためには、この著作を参照するべきである。テリー・N・クラーク編の英語での選集 *Gabriel TARDE, On Communication and Social Influence. Selected Papers*（Edited by Terry N. Clark, University of Chicago Press, Chicago, 1969）〔ガブリエル・タルド——コミュニケーションと社会的影響について〕のなかで、クラークが『経済心理学』の多くのページを訳していることを指摘しておこう。最近では雑誌 *Economy and Society*〔経済と社会〕が、一冊丸ごと、タルドと彼の『経済心理学』に関する特集に費やしている。その特集のイントロダクションである下記を参照のこと。Andrew BARRY et Nigel THRIFT, "Gabriel Tarde: imitation, invention and economics",（*Economy and Society* 36（2007）p.509-525）〔ガブリエル・タルド——模倣、発明、経済学〕。

　そして、非常に的確なコメントをくれた Eduardo Viana Vargas と、注意深く読みなおしをしてくれた Cassiopée Guitteny に感謝する。

の信者が、非常に長いあいだわれわれにその実践を禁じていた政治——そう、この自由の政治に、である。さて、それはリベラリズムではないのか？　その反対が「摂理主義providentialisme」という用語でしかありえないことを覚えている限り、なぜこの言葉に恐れを抱く必要があるだろうか？　そして、選択は、市場による組織化と国家による組織化のあいだにも、リベラルと社会主義者のあいだにもないとしたら、予定調和の奇跡を信じる人びとと、この「奇跡を信じる」ことを拒絶する人びとのあいだにあるのではないのだろうか？　そうやって、二世紀前から起こったことのすべて、「資本主義」という名の下にあまりに性急に要約してきたもののすべてを、さかのぼって読み直すことはできないものだろうか？

第一章　経済は主観的であるからこそ数量化できる

タルドの経済人類学を理解するためには、はじめから、われわれの習慣とは正反対の考え方を受け入れなければならない。すなわち、経済においては客観的なものなどなにもなく、すべては主観的、あるいはむしろ間主観的なものであり、そして、まさにそうであるからこそ、経済を数量化し、科学的なものにすることができるのだ、という考え方を、受け入れなければならない……。だが、そのためには科学に期待すべきものも数量化と呼ばれているものも変えることが条件となる。ここに、われわれの思考の習慣をすこしばかり変えてしまうものがあるのだ。

価値へと戻る

非常に古典的なやり方で、タルドは価値を定義することからはじめる。しかし、すぐに方向転換を強いてくる。価値とは、信念と欲望に依拠したきわめて心理学的な次元だというのだ。そして価値はなんらかの強度をもっているから、数量化することができる。

それ〔価値〕は、色のように、われわれが事物に付着させる一つの質である。しかし実際には、色と同様、われわれのなかにあるまったく主観的な真実でしかない。価値は、ある対象の特性に対して、われわれが程度の違いをもって与えている集合的な判断の一致からなる。価値は、その対象を欲しい、好きだと考えている人びとの数の大小に応じて、大きくなったり小さくなったりする。したがって、この〔価値という〕質は、数的な度合いによって表現されるのに適しており、その本性を本質的には変化させることなく段階を上昇したり下降したりするのに適した特異な種、すなわち量の名に値するのである。(PE-1, p. 63)[1]

これが基礎となる議論であり、タルドが、パリに移り住む以前、その人生のほとんどを過ごしたフランス南西部にあるサルラという小さな町の判事だったころに刊行した、最初の論文から言い続けていることである。社会科学を真の科学にしたいと願うなら、数量化できるような特性へといたる必要があるが、その特性が数量化されうるのは、逆説的なことに、主観性の内側 *interieur* にあるからだというのだ[2]。ところで、彼の議論が、個人にその出発点をおく限界効用理論の立場を思い出させるとしても、タルドのオリジナリティを見誤らないようにしよう。じっさい彼は、「社会的」と「心理学的」という二つの形容詞をけっして互いに対立させない。彼に敵対するデュルケームのよく知られた批判にもかかわらず、タルドのいう心理学的現象とは、個人または主体の内側のなにか――「内-心理学的なもの *intra*-psychologique」と彼が呼び、それについては何もいうことができないとしばしば彼が認めるもの――を意味するのではけっしてない。そうではなくて、つね

（1）とくに断りのない限り、すべての引用は、ガリカに掲載されている『経済心理学』の原版からである。イタリックは常に著者による〔ただし、ラトゥールらの参照はやや不正確な場合がある。例えばこの引用の末尾は quantité となっているが、タルドの原文ではイタリックで *quantités* が正しい〕。原版は二巻本として刊行されているため、各引用の末尾に、1巻であれば PE-1、2巻であれば PE-2 と記載する。

（2）*Revue philosophique*〔哲学評論〕誌上に掲載された論文「信念と欲望」と、それから一年後に同誌に掲載された、そのはじめての応用である「政治経済学における心理学」（一二巻、一八八一年）からである。

にわれわれのなかにあるもっとも社会的なもの――そのため「間-心理学的なもの *inter-psychologique*」と彼が呼ぶもの――を意味している。だから、社会的な世界から切り離されていて、その計算がはっきり定められた限界をもつような経済的行為者〔ホモ・エコノミクス〕の観念ほど、タルドの人類学＝人間学 anthropologie から遠いものはない。「内奥性 *intimité*」や「主観性」といった語につられて、間違いを犯さないようにしよう。というのも、われわれ自身のもっとも内奥では、つねに「多数」が支配しているからである。社会学主義の一世紀以上あとでタルドを理解することがこれほど難しいのは、彼が社会を個人とけっして対立させず、むしろ反対に、社会も個人もどちらもかりそめの集合体であり、部分的な安定化であり、通常の社会学の概念からまったく逃れてしまうような、ネットワークのなかのノードでしかないと考えているからなのだ[3]。

　彼の観点によれば、社会科学の根拠となっているのは、点から点へ、個人から個人へと、けっしてそのどこかで留まることなく進んでいく、一種の感染である。主観性とは、つねにある個人から次の個人へと飛び移りゆく欲望と信念の伝染性のことを意味しており、そしてこれこそが決定的な点だが、それらは社会的な文脈や構造をけっして通過することがないのである。したがって、「社会的」、「心理学的」、「主観的」、そして「間主観的」という語は本質的に同じ意味であり、それらすべての語は、社会とか経済的な下部構造といった、構成員の集まりとは区別される集合的な平面の実在をまったく前提とせずに、それらを追跡可能にするために必要とされるある種の経路、痕跡を指し示している。このような議論の進め方の大きな利点は、ある点から別の点への伝染、感染がなされるときのじっさいの手段――タルドを有名にした著作『模倣の法則』のなかで、彼が「模倣線 rayons imitatifs」と呼ぶもの(4)――を、誰でもすぐわかるところに位置づけることができる点にある。

(3) これこそ、われわれがタルドをアクターネットワーク理論の(過去に遡ったうえでの)創始者だと考える理由である。この点については、Bruno LATOUR, *Changer de société, refaire de la sociologie*, trad. fr. N. Guilhot, La Découverte, Paris, 2006.〔ブリュノ・ラトゥール『社会的なものを組み直す――アクターネットワーク理論入門』(伊藤嘉高訳、法政大学出版局、二〇一九年)〕を参照のこと。

(4) 今日では、下記の再版はもうみつけることができない。Gabriel TARDE [1890], *Les Lois de l'imitation*, (Préface de Jean-Philippe Antoine), Les Empêcheurs de penser en rond, Paris, 2001.〔ガブリエル・タルド『模倣の法則(新装版)』(池田祥英・村澤真保呂訳、河出書房新社、二〇一六年)〕同著の一九九三年の再版は、ブリュノ・カルサンティの素晴らしい序文が掲載されているという利点がある。下記を参照のこと。Gabriel TARDE [1890], *Les Lois de l'imitation* (Introduction de Bruno Karsenti), Kime, Paris, 1993.

価値に特有の「量子」に関する最初の定義によって、タルドは、経済の代わりに、そのなかにある比喩としてだけ経済的なものと、焦ってそれと同一視してしまってはならない文字通りの経済的なものとが絡み合う関係性の織り目を、ときほぐして展開することができるだろう。タルドは、反対に、学問としての経済学が、その制限的すぎる限界と広大すぎる野心との双方を間違って理解しているために、その科学的な客観性すべてを失う危険性があるのだということを、ずっと示し続けていくだろう。

避けるべき二つの誤り

タルドの立場の独創性をよく理解するために、ゆっくりと進もう。最初に、価値の観念は、信念と欲望のあらゆる評価へと拡張される。

この抽象的な量は、共同生活におけるそれぞれ独自で主要な観念である三つの大きなカテゴリー、すなわち、真理‐価値 *valeur-vérité*、効用‐価値 *valeur-utilité*、美的‐価値 *valeur-beauté* に分けられる。（PE-1, p. 63）

私が列挙したこれらの数量的な特性はすべて、見えないけれども実在する。そしてこれらは、あらゆる人間の判断のなかに含まれている。熱心に努力したぶんの見返りとして、それに見合うだけの富の増加、それに見合うだけの栄光、真理、権力、芸術的洗練の向上を求めない人や集団などいないし、これらすべての財＝善の減少のリスクに対して闘わない人や集団もいない。われわれはみな、それらのさまざまな等級の段階が、まるで実在しているかのように話しているし書いている。そしてわれわれは、その段階のなかで、さまざまな集団や個人をより高くまたはより低く位置づけたり、その位置を連続的に上げたり下げたりしている。つまり、結局のところわれわれはみな、最初に挙げた富だけではなくて、これらすべてが真の量であるということを、暗黙のうちに、心の底から確信しているのである。したがって、権力、栄光、真理、美が権利上も事実上も測定できないとしても、それらの真に数量的な特性を認めないということは、人類のゆるぎない感覚とは反対に進むことになるのであり、あらゆる努力の目的を根拠のないものだとみなすことになる。(PE-I, p. 67)

したがって、どんな対象であっても、われわれのあらゆる評価の根底には本質的に数量的なものがたしかにあるのであって、社会科学はそれらをすべて考慮しなければならない。だが、——と、彼はすぐに付け加える——不幸なことに、政治経済学はまったく異なる二つの数量化、すなわち、「見えないけれども実在する」数量化と、「よく目立つ便利な」数量化とを混同してきたという。しかし後者は、情念と絡みあった、ほんの少数の計算道具の拡張を反映しているにすぎない。

しかしながら、すべての量のなかで、ただ富だけが、ひたすら精確に把握され、特別な科学、つまり政治経済学の対象に値するものとみなされた。だが実際には、富についても、貨幣という記号のせいで、さらなる数学的な精度をもとめるばかりに、ときには幻想でしかないような思索がもたらされるのであり、それぞれ別の科学によって研究されるに値するその他の項についても、そうである。(PE-1, p. 67)

この「貨幣という記号」の問題は、細心の注意を払いつつ考察されるべきである。タルドは、じっさい、ここでわれわれがしばしば習慣的に犯してしまう二つの対称的な誤りのどちらも避けている。すなわち、経済を、主観性を客観性へと凍りつかせる一種の還元であるとみなす誤りと、あるいは逆に、この「還元」を、あらゆる活動に、いきいきとした批判精神の証だとみなされているもっとも「高級」な活動にさえも、拡張してしまう誤りである。

ところで、タルドは、この本のなかで一度も、経済学者に対して「人間の主観性の豊かさを無視している」とか、「すべてを数量化」しようと努めたことによって、人間の「道徳的、情動的、美的／感性的、社会的な次元」を切り離す危険を犯しているといった不満を述べているのではない。彼からの批判はまさに正反対である。すなわち、アクセスできるすべての評価について、経済学者は十分に数量化していない、という批判であった。あるいはむしろ、彼らは、土台を特徴づける欲望と信念のテンソル〔テンソルはベクトルの拡張概念であり、テンソルの特殊例がベクトルであるともいえる〕とベクトルの絡み合いという、いわば、社会の素材へと向けて、続けて十分に遡っていないと批判する。

しかし経済学者は、富が前提とする知識、富が与える権力、富がその果実であるような法律を考慮しなければ、あるいは、富を多かれ少なかれその美醜という特性の観点から考慮しなければ、農業的な富も工業的な富も、その他の富もないことを理解するのを

怠ってきた。(PE-1, p. 67)

そして、これと対称的な誤りは、ピエール・ブルデューのようなやり方で、真理、栄光、権力、道徳性、法律あるいは芸術をメタファーとして分析するために、「象徴的」という形容詞をつけたりつけなかったりしながら資本や利益、計算や利潤といった用語を増やすことによって、経済学において一般的に受け入れられている富の数量化を、タルドが拡張したのだと信じることだろう。[5] もう一度いうが、まったく正反対である。すなわち、真の経済科学を基礎づけることのできる数量化可能なものの根底は、まず信頼と不信の複雑な働きのなかに見出されるのであり、そしてその後でだけ、利便性と単純化のために、「財の交換」という比較的単純化されたケースへと移し替えられる。彼の提案する一般化された経済のなかでの富の政治経済学は、比喩として拡張されたもの、あるいはむしろ、換喩的《メトニミー》に限定されたものであり、一部分でしかないものをその全体だったと信じ込むことだと、おおまかにはいえるだろう。ところでタルドは、経済をあらゆる評価へと拡張させようと提案しているのであって、その反対に、あらゆる評価を、利便性ゆえに貨幣を計算するためにわれわれが学んできたほんの少数の評価軸に従わせるべく限定しようといっているのではない。

表と裏を混同することをやめる

これらの二つの誤り、一つは数量化に対して不満を述べること、もう一つは富の計算を信用とは別のかたちへとメタファーとして拡張させることという、これら二つの誤りを避けることを理解してこそ、次の宣言の大胆さ、独創性、豊かさを評価できる。

私の意図は、正反対に、以下を示すことにある。政治経済学において真の法則、つまり真に科学的な法則を期待するとしたら、このいまだ有益ではあるが少し使い古された古い学派の衣服を裏返して、その裏を表にすることで、政治経済学が隠しているものを

(5) この点については以下の批判を参照。Olivier FAVEREAU, « L'économie du sociologue ou penser (l'orthodoxie) à partir de Pierre Bourdieu », in Bernard LAHIRE (sous la dir.), *Le Travail sociologique de Pierre Bourdieu, Dettes et critiques*, édition revue et augumentée, La Découverte, Paris, 2001, p.255-314.〔社会学者のエコノミーあるいはピエール・ブルデューから(正統派を)考える〕

表に出し、記号の説明をそれが意味する事物に求め、社会的な素材の説明を人間の精神に求めなくてはならないと示すことにある。（PE-1, p. 110）

この点について、経済学者が自らの科学の表と裏を取り違えてきたと、どうしたら説明できるだろうか？　タルドが与える理由は、市場の人類学者たちが一〇年以上前からずっと示し続けてきたことと合致している。つまり、経済学者による計算技術の拡張なしには、いかなる関係も経済的ではない――語のもっとも広い意味においてもそうだ――ということだ(6)。一八世紀に発明された学問としての経済学は、大陸を発見はしなかったが、そのすべての部分をつくりだした。あるいはむしろ、それを組織し、征服し、植民地化した。ミシェル・カロンの力強い表現を借りていえば、学問としての経済学こそがモノとしての経済を遂行し、公式化する。つまり、「経済学がなければ経済は存在しない」のだ(7)。カール・ポランニーがはっきりと示したように(8)、一八世紀のロビンソン・クルーソー的生き方とは逆に、人間は経済学者として生まれるのではなく、経済学者になるのである。ただし、それらがなければ捉えられない差異を可視化し可読化するための道具と計算装置が十分そろっているという条件においてだけである。経済学を実践することとは、人間の人類学的な本質を明らかにすることではない。それは、とらえどころのないなにかをある種の仕方で組織することである。(9) すぐにわれわれが示すように、それは人間の真の本性を見出すことでもないのである。

経済学者の仕事が、それがなければまったく違った形態をとっただろう関係性をいかに

(6) Nicholas. THOMAS, *Entangled Objects. Exchange, Material Culture, and Colonialism in the Pacific*, Harvard University Press, Cambridge (Mass.), 1991〔絡みあう対象――太平洋における交換・物質文化・植民地主義〕; Timothy MITCHELL, *Rule of Experts: Egypt, Techno-Politics, Modernity*, University of California Press, Berkeley, 2002〔専門家支配――エジプト・技術政治・近代〕; Julia ELYACHAR, *Markets of Dispossession: NGOs, Economic Development, and the State in Cairo*, Duke University Press, Durham (NC), 2005.〔没収の市場――カイロにおけるNGO・経済成長・国家〕

(7) Michel CALLON (sous la dir.), *The Laws of the Markets*, Blackwell, Oxford, 1998.〔市場の法則〕

(8) Karl POLANYI, *La Grande Transformation. Aux origines politiques et économiques de notre temps*, Gallimard, Paris, 1983.〔カール・ポランニー『新訳 大転換――市場社会の形成と崩壊』(野口建彦・栖原学訳、東洋経済新報社、二〇〇九年)〕

(9) この遂行化 parformation という論争的問題については、以下を見よ。Donald MACKENZIE, Fabian MUNIESA et Lusia SIU (sous la dir.), *Do Economists Make Markets? On the Performativity of Economics*, Princeton University Press, Princeton, 2007.〔経済学者は市場をつくるのか?――経済学の遂行性について〕

して公式化するのかを理解するためには、計算装置の発明と、とくに通貨という基準の発明のおかげで得た、ささやかな補助を正確に把握しなければならない[10]。

富とは、より単純に、より簡単に測定されていく何ものかである。それは無限の度合いとごく少数の異なる型から構成されており、そしてこれまで、その型ごとの違いは減少し続けている。だから、富が高貴さに、拝金主義が貴族主義にじょじょにとってかわることは、社会的地位が、ますます数値と測定の対象となっている傾向を示している。(PE-1, p. 72)

プルーストの巧みさの一切が、スワンとヴェルデュラン夫人とのあいだの社会的地位の差異を位置づけることに求められるとしても、この細部への注意は、一度測定が信用と資本のかたちを取ってしまえば、世界の大富豪を分類するためにはもはや不要である——『フォーチュン』誌のどんな平凡な記者でも、なんの苦もなくそうするだろう。だが気をつけなければならない。このことは、われわれが拝金主義になったとか、商品支配が広まったとか、貨幣量における数値が、モノとしての経済の土台とされるリアルで物質的なインフラを侵食しているとかいったことを意味しない。まったくそうではなくて、測定が「より単純」になり、結果として「社会的地位」が簡単に同定されるようになったのだ。だから、リアルな状態を把握するための、測定される尺度 mesure *mesurée* とわれわれが呼ぶものと、それと区別して、社会的世界を公式化するための、測定する尺度 mesure *mesurant* とわれわれが呼ぶもの、この測定の二つの型のあいだの区別をすることが適切である。この区別は、経済を本当に数量化可能にするための道具が他にもあることに気づかせてくれる。

ところで、ある人物の栄光は、彼の信用や財産にも劣らず、本性を変えることなしに増大したりまたは減少したりすることができる。したがって、それは社会的な量の一種である……（PE-1, p. 70-71）。司祭と修道士たちは、経済学者が富の再生産を研究するのと同じくらい細心の注意を払って、信仰の生産と「真理」の生産（ここでは再生産を意味する）をするのに必要な要素を研究してきた。彼らは信仰を引き起こすのにもっとも

（10）計算装置の概念については、以下を見よ。Michel CALLON, Yuval MILLO, Fabian MUNIESA（sous la dir.）, *Market Devices*（Sociological Review Monographs）, Wiley-Blackwell, Oxford, 2007.〔市場装置〕

適した実践（静修、強制された黙想、説教）と、信仰を弱める読書や会話、そして行動の種類を教えてくれる。（PE-1, p. 74 note）

ここで、タルドが経済学と呼ぶものの基礎を形づくる、価値判断を可視化し可読化する装置一式を示すために、バ、ロ、リ、メ、ー、タ、ー、〔価値計〕*valorimètre* という用語を導入しよう。彼が現代に、つまり、「データを獲得する」ための新たなやり方が増え続けていくことがわかっている時代に生きていたら、どれほど興味深かったかを想像するのは簡単である。視聴率や世論調査、マーケティング調査、「ブリテンズ・ゴット・タレント」のようなオーディション番組、コンペ、ランキング、オークション、スパイ行為、マウスのクリックなどのような形態――これらは、「社会的地位が、ますます数値と測定の対象となっている」ことを非常に正確に示す、データを集める新たな手段である。タルドが不幸だったのは、いまでは新たな情報コミュニケーションシステムを通じてますます膨大なものとなっている、「質‐量的 quali-quantitatives」なタイプのデータが出現するほぼ一世紀前に生きていたことだといっていいだろう。タルドについて、彼がある種の「文学的」社会学に耽っていたということは、じっさい真実であろう。彼は数量化するための欲望と信念を求めていたが、当時の統計は、それらを把握するにはあまりに初歩的なものであった——そして彼は司法省犯罪統計局のトップであったから、そのことをよく知っていた。現在のデジタル化の波が、タルドの議論をわれわれにとってますます魅力的なものにしているのかもしれない。

どのようにして量を明確にするのか

とはいえ、まずは彼の考えを正しく理解するべく気をつけよう。あらゆるものは潜在的に数値である。というのも、バロリメーターは、愛着をもつものや生きるのに必要なものと出会うときにいつもわれわれのなかで起こっている、数値化不可能な「論理的対決」という繊細な検討を収集し、凝縮し、蒸留して単純化するだけだからである。いいかえれば、ワッフル職人がそれ自体形をもたない溶けたワッフル生地を注ぐのにおたまを使うのと比較できるようなやり方で、経済学者によって用いられている計算装置が社会的なものを遂行しているとタルドはいっていない。あえていえば、彼からすれば、ワッフル生地のなかに、経済学者が数量化可能だと考えているものとは間接的にしか結びついていない、ある種の量子がすでにあるのだ。まさにこの間接的なみかけこそが、なぜ経済学者たちが自らの学問をより科学的にしようと試みるときに、こんなにもなんども間違えてきたのか、そして、なぜ彼らが表と裏を混同したのか、その理由を説明してくれる。もう一度いうが、これは、経済学者たちと、すべての対象を把握するために同じ基準を適用しようとするその数量化マニアぶりへの不満を問題にしているのではない。反対に、タルドが論じているのは、彼らの数量化したいという嗜好が、それぞれのタイプの実践に固有なテンソルを見つけるには十分ではないという事実を嘆くべきだ、ということである。タルドは、経済学者たちが数量化を失敗した場所そのものにおいてこそ、すこしばかり苦労して探しさえすれば、他のタイプの数量化について、光が当たるのをただ待っているたくさんの興味深いことを明らかにできるという。

経済学をほんとうに数量的にするための他の道具はすべて、そこに数量化されるべきさまざまな残りものがあることを示す最良の証拠となっている。

じっさい、そこには別の複数の尺度がある。各種の統計はその一つである。有名人の人気の上昇・下降は、投票統計を通じてだいたい正確に測定される。（PE-1, p. 77 note）

何を数えるかは、――文字通りに――判断の比較である。このプロセスは、そのもののとしては決して貨幣と結び付けられず、それが見いだされるのは、すべてのバロリメーター、すべてのグロリオメーター〔栄光計〕のなかである。これこそ、報道と通貨のような、経済学者は切り離していたけれどもタルドは苦もなく結びつける二つの領域の、相互比較の増加をたどることが簡単な理由である。

〔……〕報道の発達は、道徳的価値に数量的な性格をあたえる効果をもつ。それはますます明らかとなり、道徳的価値と交換価値との比較を正当化するのにふさわしいものとなっている。交換価値は、通貨が普通に使われるようになる前の数世紀ではまったく混乱していたにちがいないが、通貨の普及と統一が進むことで明確なものとなった。そのときはじめて、交換価値は、政治経済学を誕生させることができたのである。同様に、日刊新聞以前は、文章の科学的価値や文学的価値の概念、人物の名声や評判の概念などは、ひじょうに曖昧なままになっていた。というのも、それらの段階的な上昇・低下の感覚は、ほとんど生まれることができなかったからである。だが報道の発達によって、

> これらの観念は明確なものとなり、顕著になり、新種の哲学的考察に対象を提供するのにふさわしいものとなった。(PE-1, p. 76)

こう併記することのオリジナリティを理解しよう。タルドは、報道が「金の力の有害な影響」に支配されているといっているのではない。二つの領域のつながりは、下部構造のなかに隠れた力を探し求めるという必要な段階を通過していないといっているのでもない——これからみていくように、タルドにとってはいかなる下部構造も存在しないのである。二つの領域のつながりは、限りなく密接になっている。タルドは、これら二つの型の痕跡と感染——一つ目は数世紀前からあり、二つ目はいま目の前にある——を分析することで、これら二つについて、どんな道具、どんな装備を使い、目印をつければ、ローカルかつ個人的で不便な数量化のシステムを、迅速かつ反省的で一般化された数量化のシステムへと変えることができるのかを見定めている。〔例えば〕信用と信頼性は、計算可能にするための道具を必要とする。あるいは、タルドの言葉ではないが、相互比較の運動を非常に正確に定義する用語を使えば、それらには計量学 *métrologie* が必要なのである。バロリメーターは、主観性の相互比較をどんどん「正確」で「目立つ」ものにし、「新種の思索の対象に値する」ものにする、計量学的連鎖をすこしずつ組み上げている。そしてタルドは、このような思索の一つに科学社会学を挙げ、学者の文献の計量学の典型的な事例として位置づけることをけっして忘れていない。科学社会学は、他のどんな分野よりも、信頼性と呼ばれる準‐貨幣の拡張によって、細かく分化した信念の度合いの生産を可視化し可読化するのである。

あらゆる形態でのある人間の信用、あるいは有名さや栄光は、いかにして生まれ、いかにして増大するのか？　その多様な形態での生産は、富の生産とその金銭的価値と同じくらい関心を抱くに値する。［……］大小の質をもった商品の製造とその金銭的価値の高低を支配する「自然法則」があるとしたら、ある人に対する大衆的な熱狂や、人民による君主への忠誠心、宗教的信仰、ある種の制度への信頼、こういったものの出現、増大、その高低を支配する「自然法則」が、なぜないのだろうか？（PE-I, p. 73）

あらゆる科学の根底にあるものを真に数量化したいと望むなら、たったひとつのタイプの量子を他のあらゆるものの分析のために用いる代わりに、あらゆるタイプの利用可能な量子を探し求めなければならない。栄光の数量化は富のよき分析器でもあるし、富は信仰のよき分析器であるし、あるいは信は熱狂のよき分析器であるし……と、以下同様に続いていく。グーグルのユーザーであれば、デジタル化によって、権威の計算や有名性のマッピング、栄光の数量化が成し遂げられたことを、何の苦もなく理解するだろう。

数量化する――そう、だがしっかり考えたうえで

タルドが理解していた経済学者の混乱を、いまやわれわれも理解できる。つまり、経済学者が量を求めたことは正しかったけれども、彼らは最終的に、自らの学問に確かさをもたらしてくれる源泉を置き間違えたのだ。彼らの誤りは、「測定される尺度」を、相互比較の連鎖の拡張によって許される「測定する尺度」と理解してしまったことにある。この拡張そのものが、彼らが観察していると思っていたものとはまったく異なる現象のおかげであった。彼らがじっさいに考えたのは、経済学における進歩は、デタッチメント、距離、客観性の進歩でなければならないということであった。

可能であるなら客観的でも抽象的でもあること、これこそが方法だった……。理想は、信用、サービス、労働といった抽象の下で、その下に隠されたさまざまな感覚と感情を、誰もそれらに気づくことがないように、非常にうまく目立たなくすることであったし、これらの抽象を、化学者や物理学者によって扱われる対象と同じように、リアルで物質的な対象として取り扱い、それらと同じように、数と測定の法則へと落とし込むことであった。貨幣と金融の章においてこそ、この二重の理想が現実化するように思われたし、化学と物理学とおなじように数値化可能で測定可能な類似すべてが、いつも経済学者の庭園の予言の窓であった。(PE-1 p. 109)

測定する尺度として、貨幣はたしかに優れている。だが、貨幣が測定するもの、あるいはむしろ、貨幣が把握をより簡単にするために、単純化された仕方で登録するものは、その数量によって指示されるものとはなんのつながりももたない。それは、経済に対する相変わらずのヒューマニスティックな批判がそう考えているように、「人間の心は計算には還元できない」からではない。その正反対に、人間の心は、より読みづらく、より目立たない別の精密な秤の上で、まったく異なる検討をつねに計算し、比較しているからである。

これこそ、タルドが、前の引用に続けて、あらゆる測定の真の情報源《ソース》へと、われわれの注意を傾けようと勧めている理由である。

価値にとって貨幣は記号にすぎないのであって、価値が信念と欲望、観念と意志といったかんぜんに主観的なものの結合でないとしたら、なにものでもなく、絶対的に無であることは真実である。そして、株式市場での価値 = 株券 valeurs の上下動は、気圧計の上下動とは異なり、公衆の希望と落胆の発作や、投機師の精神のなかでの新たな感覚の善や悪の伝播の心理的原因に関する考察なしには、まったく説明することができないということも、劣らず真実である。(PE-1 p. 109)

こうして、われわれが以前に示したときには、タルドからの無根拠な挑発としてやりすごした表と裏の裏返しを、いまや説明することができる。

経済学者たちが、彼らの主題の主観的な面について完全に無視してきたわけではない。[……]だが、この主観的な側面は、つねに経済科学の表としてではなく裏としてみなされてきたのである。繰り返すが、経済科学の巨匠たちは、それ以外を排除するほどでないにしても、おおむね事物の外的な側面だけに没頭すれば、自らの観察を科学的体裁の威厳をもったものへと高められるはずだと、あやまって信じていたのである。経済学者は、彼らが研究する現象において、例えば労働者の動機や消費者のニーズのように、心理的側面を直接に想定しなければならないときでさえ、彼らは人間の心を非常に単純化し、非常に図式化している。いいかえれば、人間の魂はあまりに切り刻まれ、この最低限の必要不可欠な心理学が、彼らの演繹の幾何学的展開を支持するよう定められた単純な公準の雰囲気をもったのである。(PE-1 p. 109-110)

この一節を、本論の冒頭で引用していたなら、経済学者の数量化マニアぶりに反対する普通の嘆きのように思われただろう。だがその反対に、この一節は、善悪を評価するとき、信じるとき、欲するとき、祈るとき、欲しがるとき、そしてそれらが混じりあうとき、どこでも、とくに、どんなものについても、「人間の魂」を把握できるバロリメーターをもとめる訴えとして理解すべきである。視点を変えたこの新たな基礎にもとづいて、タルドは、異なる社会科学に向けた一種のニュー・ディールを提案する。

〔……〕形而上学者や論理学者によってこんなふうに取り囲まれた政治経済学は、いまだ生まれていない社会学の砂漠に放置された迷子石のような、その神秘的な孤立を確かに失うだろう。だが、政治経済学は、それによって社会科学におけるその真の位置を見出し、自らのいつもの観念、部門、理論が、お互いの光で明るく照らしあう学問的姉妹たちによって統制《コントロール》されているのを理解することによって、利益を得るだろう。(PE-1 p. 68)

いうまでもないが、精神史は、こんな協定をまったく真剣にとりあつかってこなかったし、われわれは一世紀以上ものあいだ、学問としての経済学が、凍った大陸としての経済を奇跡的に発見し、その経済は厳格な規則によって支配されていて、その上に構築された上部構造をすべて凍り付かせるというとんでもない力をもっているのだという、かなり風変りな考え方になかにどっぷりつかっていたのだ。〔その考え方によれば〕社会科学のあいだで経済学だけが、人間の魂の合理的で客観的な核心へと到達することができたために、真に科学的であると考えられるべきだというわけである。

温度についての誤り

問題はまさに経済を数量化することであるが、それは、経済を間主観性の領域へと完全に移行させることによっておこなわれる――逆説的なことに、経済をある程度科学的なものにしうる唯一の手段である――ということを忘れないようにするために、タルドの革新をどう要約したらよいだろうか？　同時に避けたいのが、もうひとつの認識論的な誤りである。これは後にみるように、重大な政治的誤りでもある。すなわち、バロリメーターと計量学的連鎖を増やせば増やすほど、経済の歴史は情熱《パッション》＝情念から理性へ、非合理的なものから合理的なものへ、伝統的市場のあたたかさから「ネオリベラル」市場の「経済学的恐怖」へと移行するのだと考える誤りである。

文明の進歩のパートナーであるはずの理性の進歩が、経済学者によって想像された抽象化を少しずつ実現し、具体的な人間から個人的な利益への動機以外のすべての行為の動機を剝ぎ取った責任を負うとでもいうのだろうか？　しかし、このようなことを仮定させるものは何もなく、社会生活のなかで、情熱＝情念が知性とともに成長し、展開していくのを見ないことはない。［……］経済的世界のなかでもそうだが、ここでも、人間の冷却的変容、つまり情熱＝情念的でなくなり、より合理的な方向へと変化しているという痕跡は、どこにも見られない。［……］（PE-1, p. 115）

タルドがコレージュ・ド・フランスの教壇から観察した新しい経済は、階級闘争、初めての大規模なグローバリゼーション、大規模な人間の移住、万国博覧会によって区切られる熱狂的なイノベーション、植民地帝国の解体など、まったく理性の到来を示すものではなかった。それがみせるのは、むしろ、こんな光景である。

［……］前代未聞の強さをもった情熱＝情念、驚くほどの征服の野心、新たな宗教の一種、社会主義、そして原始教会以来の知られざる布教への熱狂。――ここに、諸関心、情念に駆られた利益 *les inérêts passonnés* がある。それらと、勝利への希望や人生への誇り、権力の渇望といったものに酔いしれている、連合した巨万の富を有した資本家たちの情念に駆られた利益とを一致させることが問題なのである。（PE-1 p. 116）

そうだとしたら、経済学とは何か？　今やわれわれは、それを情念に駆られた利益についての科学 *la science des inérêts passonnés* と定義することができる。

勘違いしないようにしよう。タルドは、「なんということだ、計算的で合理的な経済学的理性が、情念によって、団結によって、感染によって、計算が当たることを邪魔をする噂によって、たまたま歪められ、かどわかされ、混乱させられた！」といっていたのではない。彼は、「ありえない奇跡によって、この非合理的なものの寄せ集めすべてをわれわれからはがすことができたなら、最後に経済学的な理性を再発見するだろう」といっているのでもない。そうではない！　経済学のなかのあらゆるものが非合理的であり、こういってよければ、経済学のなかのあらゆるものが（一般的な意味での）経済‐外部的だ、といっているのである……。それを形づくっているこれらの情念は、一九世紀の驚くべき発展によってその絡み合いを強めただけであったのだから。[11] ところで、この情念の絡み合

（11）「リカードの冷たい公理の幾何学的演繹によって支配されているのだろう、経済活動のこの騒々しい世界、すなわち、悲痛かつ深刻で、苦しみと苦役に満ちたこの世界が、どんな木偶人形に、図式的または機械的に適用可能なのかわからない！　経済心理学こそ、前者、つまり富の生産、分配、消費のあらゆる感情的なものと呼ばれる側面を、その真の位置において再統合するのにふさわしい。そして、それが絵画

いこそ、経済学者がかいま見たのと同時に、驚いたことに、メデューサの首でもみたかのように、すぐに恐れを抱いたものであった。

ホモ・エコノミクス homo aeconomicus［ママ］を考えついたことで、経済学者は二重の抽象をおこなった。一つ目は、非常に度を越した抽象であり、人間を、心のなかに一人の人間もいないものとして考えていることである。二つ目は、この個人をあらゆる集団、同業組合、宗派、党、郷土、任意のアソシエーションから切り離されたものとして表象したことである。この第二の単純化は、それが派生してきた第一の単純化と同じくらい毀損的である。歴史のいかなる時代においても、一人の生産者と消費者、一人の販売者と購入者とが直接対面するとき、その両者が、隣人関係、同郷出身、宗教的同胞、文明の共有といった、なんらかのまったく感情的な関係によって互いに結ばれていなかったことなどなかった。第二に、物価や賃金の議論において、仲間、友、同じ信仰をもつ者といった、見えざる協力者の一団が同伴しており、その考えが重くのしかかってこなかったことなどない。そして最終的には、たいていの場合に、厳密には個人の利益を損ねることになるのである。実際には一九世紀の前半でさえ——労働の歴史のなかで、唯一、フランスにおいて、労働者のあらゆる同業組合が破壊された時期であるにもかかわらず――、労働者が仲間との形式的あるいは道徳的なあらゆる約束から自由であったことはけっして一度もなかった。だがその雇い主の目の前では、同業者や敵にさえ向けた厳密な義務や礼儀作法からかんぜんに解放されていたのである。（PE-1, p. 115-116）

数量化しなければならないのは、まさにこの愛着のほうなのだ。どうしてこのことを忘れることができたのだろう？　制度派経済学、同様にコンヴェンション経済学は、このもつれを事実として数十年も前から受け入れていると人はいうだろう。[12]たしかにそのとおり、

的な独自性をもって現れていた古い同業組合での生活の感情的側面を研究するべきであり、この側面がさらにはっきりと遠ざけられている、新たな同業組合での生活においても研究されるべきである。アメリカ、このもっとも功利主義的な、経済的進歩がもっとも進んだ国のなかで起こっている同情スト、つまり、まったく利害関係はないがそれに心を痛めた労働者たちによって、利益を度外視して同志と連帯するためだけになされたストを想像してみよ。そして、思想のために、原則的な問題のために、共感のために支払われる金銭的な犠牲についてまったく省みないということが、この利益を優先することでよく知られた土地で起こったのである。」（PE-1, p. 117）

だが、タルドの本は、一九〇二年に刊行されているのだ！　なぜわれわれは一世紀ものあいだ忘れていたのだろう？　現在の用心深い研究者たちが、純粋かつ完全な市場についてのプトレマイオス体系〔天動説〕に、あらゆる方向に回転するたくさんの周転円――契約、信頼、情報、ルール、規範、団結を付け加えることでそれを修正することだけで満足しているのだから、彼はよりいっそう遠くに進んでいる。ところで、誰もその本を読んだことのない一人のコペルニクスのように、タルドはすでに数量化の中心 foyer を別のところに置いていた。この「見えざる協力者の一団」のなかには、いかなる**摂理** Providence もなく、とくに調和的な理性の摂理は存在しない。どの学派も支持しなかったほどにラディカルな彼の野心は、情念に駆られた利益の循環を、光を放ち燃えさかるもう一つの太陽――それは燃えているからこそ、光を放つ――の周りに回転させることにあるのである。

遠ざかる代わりに近づこう

だが、この点を完全に把握するためには、さらに、最後の認識論的な要求、すなわち距離と外部性についての要求を放棄することを受け入れなければならない。この点に至って、タルドは礼儀正しさと皮肉をこめて、経済学者たちが、もっと近くで接する機会をもっているし、結果的には彼らの目の前に飛び出してくる現象から、最大限に遠ざかろうとする曲芸を演じているのだと論じている。この議論はまったく直観に反するが、立ち止まってさらに分析する価値はある。タルドは、対象の本質に応じてではなく、われわれが対象とのあいだで保つ近さの度合いに応じて、二つの心理学を区別することからはじめる。

政治経済学は社会科学の一分野でしかないが、その社会科学のきわめて心理学的な本性は、人が習慣的に混同している二つの心理学が区別されていれば、異論はより少ないもので済んだだろう。〔……〕自己の対象は、その閉じた内側までは測り知ることのできない自然物でありうるし、他の自己、他の精神でもありうることに注意しておくことが有用である。後者の場合、自己は外部表出することで他者に自己を映し出し、他者を

---

(12) Oliver E. WILLIAMSON, *The Economic Institutions of Capitalism. Firms, Markets, Relational Contracting*, The Free Press, New York, 1985〔資本主義の経済制度〕; Henry Payton YOUNG, "The Economics of Convention", *Journal of Economic Perspectives*, 10 (1996), p.105-122〔コンヴェンションの経済学〕; Jean-Pierre DUPUY, François Eymard DUVERNAY, *et alii*, « L'économie des conventions », Revue Économique, numéro spécial 40, 1989, p. 1-406.〔コンヴァンシオンの経済学〕

発見することによって自らをよりよく知ることができる。この後者の自己の対象は、同時に自己に似た主体そのものであり、それらと自己とのあいだにはきわめて例外的な関係がある。その関係は、自己と鉱物、植物、劣った動物も含む自然物との習慣的な関係から、肉厚のレリーフのようにきっぱりと断ち切られている。〔……〕それらは、その内側によって把握されうる唯一の対象である。というのも、その内的な本性は、それら観察している主体がもっている意識そのものだからである。しかし、自己が、鉱物や天体、そして有機物であれ無機物であれ、なんらかの物質を眺めているとき、これらの形態をつくりだしている力は仮説によって推測することしかできず、その外的な徴が知覚されるだけである。(PE-1, p. 110-111)

タルドの著作すべてにおいて、このような人間界と自然界のあいだの驚くべき差異を見いだせる。この差異は、一方に象徴世界があり他方に物質世界があるとする、よくある区別を裁ち直したものではまったくない。結局のところ、タルドにとって、星、細胞、身体、政治的集合も、頭脳内での〔神経の〕発火も、「すべては社会である」ことを思い出そう。彼にとって「物質」は、つまりは何よりもまず「社会的なもの」を意味するのである[13]。彼は、社会生物学者（あるいは、当時ならそういっていただろうように、彼は生‐社会学者 bio-sociologue）なのだろうか？　彼は移入＝自然化 naturalization の罪を犯していたのだろうか？　あるいは、もっと悪い、社会ダーウィニズムの罪を犯していたのだろうか？　そうではない。というのは、物質と呼ばれる客体と、社会の主体とのあいだには、本質的な差異があるのではなく、捉え方に差異があるだけだからだ。すなわち、われわれは前者を、遠くから、大まかに、外側から眺める。他方で、後者については、近くから、少数を、内側から眺めているのだ！

したがって、自己と自然物との関係を研究し、生物学を含む物理的なものの科学を基礎付けることが問題であるとき、そのためのよい方法として、自己は、自己自身を可能な限り忘却しようと努めるだろうし、自己自身と自らの個人的印象を、可能な限り減らして、物質、力、生命からなる観念のなかに外部を取り入れようとするだろう。そして

（13）これこそ、ライプニッツに影響を受けたこの奇妙な形而上学の書物の、根本的な点である。Gabriel TARDE（1895）, *Monadologie et sociologie*, Les Empêcheurs de penser en rond, Paris, 1999.〔ガブリエル・タルド『社会法則／モナド論と社会学』（村澤真保呂・信友建志訳、河出書房新社、二〇〇八年、一二三‐一二三四頁）〕

可能なら、すべての自然を、延長と点の項に、運動に、幾何学的で機械的な観念に、還元しようとするだろう。それらの起源はまったく心理学的なのだが、よく訓練された分析家の目にしかそのことはわからず、ほかの人にとってはその心理学的本性はまったく問題にならないのである。（PE-1, p. 111）

タルドは、人がよくいうように、人間は「自然にも客観性にも収まらない」ことを口実として、経済学者たちが人間に関する事柄を自然物であるかのように扱う間違いを犯したと非難しているのではない。物理学でも化学でも生物学でも、存在の結びつきを、それを支配する外的諸力にしたがう統計的な雲のようなものとして取り出す素晴らしい理由があることを、彼は喜んで認める。だが、われわれが、多くの場合においてこの観点を認めるのは、それらに十分に近づいて把握することができず、その内部の奥深くまで入りこむことができないからである。それらの「起源」は、モナドと同じように、心理学的で、関係からつくられているとしても、それらを遠くから塊としてみたさいの「本性」は、もはやそのようには見えないのである。いずれにせよ、そんな仮定をしてみても、なんの進展もないし認識利得もない。そしてまさにここで、彼は次の驚くべき結論を導き出している。

しかし、自己同士の相互関係を研究しようとするとき、すなわち社会科学を確立しようとするときに、自己が自らから逃げようとし続け、自然科学を新しい科学のモデルとするのは、これが理由なのだろうか？　もっとも例外的な特権によって、社会世界においては、自己は自らが研究する人間の諸関係をその奥底までクリアに見ることができるし、行為者の隠れた動機をその手につかむことができるのに気づく。それなのに、この特権をもたない物理学者や博物学者をモデルとすることによって、自らの利点を喜んで手放したうえで、物理学者や博物学者がそうしてきたように、その利点を埋め合わせることを強いられるのだ！（PE-1, p. 111）

「自分自身から逃げよ？」デュルケームが先達の研究を知ったときに感じていたのは、恐怖だったことがわかる……。タルドにとって避けるべき過ちがあるとしたら、それはまさに「社会的事実をモノのように」扱うことであった。いっぽうで、他の諸科学がモノを「モノとして」扱うのは、それがやむを得ないからである！　社会学者、そしてもっと驚くべきことに経済学者が、〔対象とのあいだで〕まったく人為的に距離をおこうとする努力をしてまで、物理学者や生物学者を模倣したいという狂気に憑かれていたのはどうしてだろうか？　いっぽうで、彼らが模倣しようとした学者たちは、結局のところ、道具の力を借りて、粒子、細胞、カエル、臓器の近くにたどり着き、それらとより親密な関係になるよう努力して、両親まで売りかねないほどなのに。なぜ経済学者は、あらゆる研究者が消し去りたいと願っている距離を自らに与えることで、社会的なものを理解するための理想的な機会を失うリスクを犯してまで、そこから逃げ出そうというのだろうか？　いっぽうで、他の「本物」の学者たちは、反対に、あらゆる種類の道具を発明することによって、どんな対価を払ってでも、彼らを遠ざけてきたものに近づこうと努力しているというのに。

これこそが、タルドの提案の核心であり、困難で、テクニカルで、そして常に新しい点である。つまり、われわれが一方の任意の集合体や協力者たちと、他方の法則、構造、規則とを区別するのは、評価と論理的対決の多様性によって、それを内側から形成するものを無視しなくてはならなかったからである。率直にいえば、構造という概念はその場しのぎのものであり、われわれの無知の産物であり、それ自体、われわれが研究するべきものとのあまりにも大きすぎる距離に由来する。タルドがこの点から導き出すだろう驚くべき政治的な結論は、一〇〇年経ってもなお、社会科学の大多数にとって理解不可能なパラドックスのままであるだろうことを、後に示すことになるだろう。さしあたりいまは、彼が、経済学者とは違って、その愛着に形を与えるような「自然法則」について追加で仮説をつくらなくても、われわれと財とをつなぐ「隠れた動機」を把握することができるという「例外的な特権」を、可能な限り使おうとするだろうということを理解しておこう。この特権のおかげで、タルドは、どんな超越性もなしですませられる社会学と経済学を発明できたのである。彼は経済学と直面することから逃げないだろう。彼は、われわれがメデューサの首を見ることを願っているのだ。

だが、不思議に思うかもしれないが、経済学者は愚かではないのに、なぜ彼らは、既存の科学を模倣しようと考えて、その知識欲 *libido sciendi* を実際には逆にすることで、数量化のプロジェクトからかけ離れた認識論を模倣しようとしたのだろうのか? タルドの答えは、カール・ポランニーのそれととても近いものである。じっさい彼は、シスモンディの引用を通して、同じ源泉からその答えを引き出している。つまりここには、すべての常識を停止させ、あらゆる方法の原理を覆すための、非常に強力な政治的理由があるはずだというのである。

経済学者自身〔タルドの原文では、「彼ら」であり、前の文のフィジオクラートとアダム・スミスを指す〕は、なぜもっとも物質的な側面を科学の対象としようと考えたのか？　シスモンディはつぎのように応えている。[14]「それは、政治経済学から生まれた財政学からであり、観念の自然な進歩とは逆の順序でなされた。哲学者たちは、絶対的権力による略奪から人民を守りたいと考えていた。そのため彼らは、統治者たちに耳を傾けさせるために、正義や義務ではなく、その利益について語る必要があった。哲学者たちは、統治者たちに国富の本性と原因であるものをあきらかに示そうと試み、それを破壊するのではなく共有することを教えようとしたのである。」これこそが、なぜ政治経済学が、その最初から、あのような実証的な色彩を帯びたのか、そして、そのバイアスのせいで、いかなる心理学的あるいは道徳的な考察をも無視することに決めたのかを示す理由である。（PE I, p. 136）

数千の学部、数十万人のＭＢＡをもつある学問全体が、「絶対的権力」の略奪からわれわれを守るためのものだった？　つまりは所有権を保護するためのものだった？　非人格的な科学全体の発明は、誰かの不当な特権を退けるためだった？　利益についての公平な科学は、そのすべてが利益を守ることに基礎づけられていた？　われわれはその同情による動機を理解はするが、この便利な解決を、この科学をより良いものにするための要求と混同しないようにしてほしいとタルドはいう。今こそ、逆立ちした経済学をひっくり返し、再び直立させて、最終的には、経済学を自らの二本足で歩かせなければならない。その二本足は、世界を指導する観念（とくに、情念と利益とを遂行する経済学者の観念）と、その動きを反映し、それを読みやすくするバロリメーターからなる。われわれは、学問としての経済学《エコノミー》——この言葉はもはや正当なものとは決していえない——と、モノとしての経済《エコノミー》とを混同するのをやめよう。経済学と経済のあいだで、選択しなければならないのだ。後者がいまだ未知の大陸のままであるのに対し、前者は、いつもそれを遂行するのに忙しく、真の構成要素を逃し続けてきたのである。

（14）Karl POLANYI, *La Grande Transformation. Aux origines politiques et économiques de notre temps*, Gallimard, Paris, 1983.〔ポランニー『新訳 大転換——市場社会の形成と崩壊』前掲〕

第二章　経済学の本質

経済学者たちがあまりに政治的な理由のために発明した、逆立ちしている科学（＝経済学）を、タルドは再びひっくり返す。そして自らが「経済心理学」と名づけてつくりなおそうとしている学問のその核心部分に、一〇〇年後でもいまだ大部分が未知のままの善と悪への愛着という大陸を開拓して、据えてしまおうと考えた。しかし、それはどこに位置づけられるべきなのか？　冷たい客観性が計算可能な法則にしたがう下部構造のように、法、倫理、美学その他の下ではないことは、間違いない。もちろん、たしかに法則はあり、計算はあり、客観化はある。だが、これらもすべて、残されたものと同じように――いまやわれわれにもわかる――プロでもアマチュアでも、経済学者が存在しはじめた頃から、会計技術が発明され、発展し、維持されている限りにおいて、相互比較のネットワークに沿って、伝染しながら循環していくのである。[1] これらの装備はすべて、人びとと財とのあいだに追加され、その判断を、ある程度は単純にしつつ、ある程度は複雑にした。ところで、学問としての経済学が、自ら公式化したと自負してきたモノとしての経済について、その深い意味をきちんと捉えられていたと信じることができなくなったなら、どうすればよいだろうか？　経済科学による公式化を把握しつつ、同時に、その公式化からつねに逃れるものをも把握できる、そんな社会科学をつくりあげるには、どうすればよいのだろうか？[2]

蓄積の前に発明がある

この問題に対してタルドが示した解決は、われわれをかなり戸惑わせるものにみえる。経済を、他の著作のなかで彼が展開してきたモナドたちの一般的運動のなかに差し戻すことによって、解決しようというのだ。[3] 群生し絡みあうことで世界を織りなしているこれらの生きた社会は、決してカオスではない。そのなかに三つの段階、すなわち、差異の反復、反復によって生み出される対立、そして最後に、新たな差異化のおかげで一時的にその対立から抜け出すことを可能にする適応を見分けられるなら、それは、最終的には、干渉、リズム、増幅をつくりだすものとなる。この運動を、帰ってきたヘーゲル弁証法だと読んでしまわないように気をつけなければならない。[4] 若きマルクスのノートとは反対に、そこには資本と労働の諸問題のなかで繰り広げられる主体と客体の冒険は存在しない。タルド

(1) Anthony Hopwood et Peter Miller, *Accounting as a Social and Institutional Practice*, Cambridge University Press, Cambridge, 1994〔アンソニー・ホプウッド&ピーター・ミラー編『社会・組織を構築する会計――欧州における学際的研究』(岡野浩・国部克彦・柴健次監訳、中央経済社、二〇〇三年)〕のような研究者たちによる、計算可能性の社会学の発展よりもずっと以前に、タルドはその重要性を指摘していた。

(2) この「フレーミングと氾濫」の弁証法については、下記を参照のこと。Michel CALLON, « La sociologie peut-elle enricher l'analyse économique des externalités? Essai sur la notion de cadrage-débordement », in D. FORAY et J. MAIRESSE (sous la dir.), *Innovations et performances. Approches interdisciplinaires*, Éditions de l'EHESS, Paris, 1999.〔ミッシェル・カロン「社会学は外部性の経済分析を豊富化できるか?――「フレーミング=氾濫」概念についてのエッセー」(横田宏樹・須田文明訳、『旭川大学経済学部紀要』七五号、一一七―一四六頁、二〇一六年)〕

(3) とくに前掲の『モナド論と社会学』において論じられている。

(4) 「この社会弁証法は、通常の論理法則の違反をまったく求めることなく、個人論理と社会論理の区別だけを支持するという点を除けば、ヘーゲルの三位一体を思い出させるだろう。それは、より好ましい言い方をすれば、それぞれが導入、見せ場、結末を構成する三幕からなる一連のドラマである。」(PE-2, p. 209-210.)

が、同一性と矛盾の哲学のすべてに反対して、「存在することとは差異化することである」[5]と述べていたことを忘れないようにしよう。

結論的にいえば、タルドにとっての最上位の法則は、否定ではなく――ましてや否定の否定でもない――、むしろ、発明である。そしてそれはひとたび反復され続けるようになると、ほかの発明によってしか切り抜けられないような、無数の闘争を引き起こす[6]。ヨーゼフ・シュンペーターの五〇年前〔シュンペーターの新結合の議論と比すれば、両者の間隔はもっと短い〕、技術変化の経済学の発展の八〇年前、タルドはイノベーションと発明の追跡を、自らの理論の中心に置いたのである[7]。イノベーションを、諸個人の脳内で編まれた〔神経〕網――すでにみたように、一つの脳そのものが無数のニューロンとして理解される――から追跡すること、それを拡散させる水路から分析すること、あるイノベーションが、すでに普及しているものとの争いになったときに生じさせる対立を記録すること、いかにしてイノベーションが、最終的に結びつき、一方の上に積み重なり、お互いにうまく調節しあうのかを観察すること。そうすればあなたは、新たな宗教的信念であろうと、新たな植物であろうと、新たな法律の条文、鉄道、金融ツール、あるいは政治的意見であろうと、その経済全体を把握することになるだろう。

けっきょくのところ、イノベーションの起源とその模倣の法則を、できるだけ近くから把握することが問題である。経済的進歩は以下の二つのものを前提とする。一つは、異なる様々な欲望の数の増大である。というのも、欲望のあいだに差異がなければいかなる交換も不可能だし、〔イノベーションによる〕一つひとつの新たな異なる欲望の出現によって、交換の命があおり立てられるからである。もう一つは、それぞれの欲望の模範例の数の増大である。というのも、〔模倣によって〕類似性が広がっていけばいくほど、生産も拡大し確固たるものになるからである。（PE-1, p. 165-166）

（5）タルド『モナド論と社会学』（p. 77＝一八四頁）

（6）タルドがその先駆者の一人だとみられているルネ・ジラールの理論は、タルドが先んじていたほかの点をすべて無視することで、模倣について、その三つの側面のうちの一つ——ミメティックな闘争の側面——だけを正確にとらえている。例えば、René GIRARD, *Achever Clauzewitz, Éditions du Cerf*, Paris, 2007.〔クラウゼヴィッツを終わらせる〕

（7）Dominique FORAY, Christophe FREEMAN, *Technologie et richesse des nations*, Economica, Paris, 2006.〔技術と国富〕

蓄積という考え方では、この差異化のプロセスを正しく評価できない。それが描き出すのは、産業の一つの時期——だが一つの時期でしかない——、つまり、反復のみが作動している時期だけである。蓄積は、市場が拡大しうる成長の時期——たしかに必須ではある——を示すだけであり、経路が変化する時期を決して示さない(8)。この考え方は、経済社会学をはじめとした経済科学の産物でもあって、存在——人間、財、サービス、技術——を遠くから眺めているがために、それらを交換可能なものとして取り扱う。そのため、変化は偏執的な資本家たちの頭に落ちてくる外的な衝撃などではないということを説明してくれる、小さな差異を把握できないのである。タルドがダーウィンの議論を批判するのもこの点である。

彼の過ちは［……］、適応と調和の生物学的なかたちである交配や異種混交よりも、対立の生物学的なかたちである生存競争に依拠しすぎた点にあると思われる。新種の発生ほど重要な機能は、連続的で日常的な機能であるはずがない。単なる新たな個体発生である生殖でさえ、間欠的な機能である。例外的な現象、日常的ではない現象こそが、新種の発生の基礎になければならないはずだ。競争と淘汰による小さな遺伝的変異の漸進的な蓄積よりも、例外による豊かな異種混交のほうが生物の新種の形成を説明するの

に適している。（PE-1, p. 10）

蓄積が経済のダイナミズムを理解するための適切な出発点ではないとしたら、視線は別の場所に向けられなければならない。諸個人を貫く欲望の線の干渉と交差のほうが、変曲点の偶然性をもっとよく教えてくれる[9]。これこそがまさに、蓄積という考え方の問題であり、それは、経済の強度についてなにも教えてくれないのである。

戦場での決定的な瞬間において、一人の将軍の正しい展望が、どっちつかずだった勝利をこちら側に傾けさせるとき、その勝利は、それまでの努力の蓄積のおかげではなく、この突然やってきたアイディアのおかげである。そして、幾千もの研究者たちのうちの

（8）非常にタルド的な観念である、経路依存性の観念については、Richard R. NELSON, Sidney G. WINTER, *An Evolutionary Theory of Economic Change*, Belknap Press of Harvard University Press, Cambridge（Mass.）, 1982.〔リチャード・R・ネルソン＆シドニー・G・ウィンター『経済変動の進化理論』（後藤晃・角南篤・田中辰雄訳、慶應義塾大学出版会、二〇〇七年）〕を参照のこと。

（9）これは Franck, COCHOY, *Une sociologie du packaging ou l'âne de Buridan face au marché*, PUF, Paris, 2002.〔パッケージ化の社会学あるいは市場に直面するビュリダンのロバ〕の研究の本来の意味である。

たった一人が、突然の直観によって、全員にとっての難問の答えを発見するとき、その発見の功績に寄与したとみなされるのは、それ以外の研究者たちの長く無益な努力ではないし、発見者自身の――しばしば他の人たちよりも少ない――努力の長さや強さでさえないのである。（PE-1, p. 224）

蓄積はよき候補ではないし、努力はそれだけでは何も保証しない。では、経済の形態を説明するために、経済学者たちに残されているものはなにか？　もちろん天才である。だが、天才とは、何よりもまず、さまざまな模倣線が干渉しあうことによって実現されるものだ。天才はなにも保証しないし、予言しうるものではまったくない。それは、単に、観察したことに対して「いいね」というための簡単な方法なのである。思うままにならない数学的問題の解決を成立させる唯一の配置、あるいはその軍を敗北から救った将軍の展望、これらはまさに、事後的《ア・ポステリオリ》に、天才的なものとなる。公理の提唱者あるいは将軍自身が天才だということではまったくない。タルドが天才について言及するとき、しばしば「天才的」な個人の、みかけ上の重要性について同意していたかのようではある。だが、それは複数の影響の線を構成する能力を評価するための仕方であり、それを簡単な言葉で表しているだけなのである。天才は出発点ではないし、おなじく、活動の場でも、情念の場でもない。それはまさに、描くことだけはできるがけっして再びつくりだせない、熱狂の瞬間である。ここでも、タルドは天才的個人の神秘的な起源と、過去のモデルの芸のない模倣とを対立させていない。彼は水準を変える。すなわち、天才とは、恐れずにいえば、反復と模倣の群れ（これらの脳内の〔神経の〕生きた発火）が、その固有の生を支配する個人のことなのである。(10)

ついでに指摘しておきたいが、交換は、一九世紀のロビンソン・クルーソー的経済をささえる柱としてしばしば用いられてきたが、タルドの経済学においてはその場所を与えられていない。交換はもちろん存在する。しかしそれは、市場の系譜学のなかの本来の役割へと引き戻されている。市場を立ち上げるもの、経済をつくり上げるもの、それは交換ではない。交換はゼロサム・ゲームでしかないからだ。それらをはじめるのは、むしろ、それまでばらばらだったエネルギーの、共有と連携である。そして共有の主要な原理としてタルドが認めたのが、信と信頼であった。

(10) とくにこの点に関するタルドのオリジナリティについては、Maurizio LAZZARATO, *Puissances de l'invention, op. cit.*〔発明の力能〕を参照。

交換契約を本質的かつ原初的な経済的な事実としてみるとき、ひとは真実の半分しか捉えられていない。じつのところ、交換は、直接的には消費だけを促進し発展させるものである。生産の直接的な要因は、それに劣らず原初的かつ本質的な別の契約、つまり貸借契約にある。交換によって、われわれは互いにサービスを与えあうが、それは互いに用心しあいながらであり、つまりはギブアンドテイクである。だが貸借によっては、人は互いに信頼しあう。(PE-1, p. 376)

このように、信と発明には、それまでばらばらに存在していたものを結びつけ、集めることからなる一つの同じ運動だという、非常に特別な関係がある。最初の取引が実現するためには、信頼されることが必要である。ホモ・エコノミクスのインセンティブである利益への執着もゆるめなければならない。というのも、経済を、小さな差異の出現を通じて新たな道へと導いていくには、情熱＝情念と同じく、リスクをとることも必要だからである。信頼は、イノベーションと同様に、新しい集合をもたらし、経済をある方向へと曲げるのだ。その方向は、あとで反復によって確認されるだろう。

差異と反復は、ジル・ドゥルーズの博士論文のタイトルであると同時に、タルドの基本原理でもある。(11) 発明は差異を生み出す。再生産はその普及をもたらす。対立は避けられない。いかなる予定調和も、解決をもたらすことはない（このことは後に述べる）。すなわち、一時的にでも異なるイノベーションを引き起こすためには、異なる解決も発明しなければならない。イノベーションは反復されることで、異なる差異を生み出すだろうし、それによって循環が再び始まるだろう。これが基本的なリズム、通奏低音であり、これらだけが、経済活動に現実性を与えることができる。経済科学を確立するためにわれわれが追い求めるべきものは、「精神状態」と「論理的対決」である。

競争しているかどうかにかかわらず、売り手から客へ、客から売り手へ、消費者から消費者へ、生産者から生産者へと作用しているのは、精神状態の連続的かつ見えないやりとり、例えば会話や新聞による説得や扇動である。それらは商業的な交換に先行し、しばしば交換を可能にする唯一のものであり、常にその条件を定めるのにも役立ってい

(11) Gilles DELEUZE, *Différence et répétitions*, PUF, Paris, 1968.〔ジル・ドゥルーズ『差異と反復』上・下（財津理訳、河出書房新社、二〇〇七年）〕を参照のこと。

る。（PE-2, p. 30）

人がもつ財への愛着を定めているベクトルとテンソルの網目が、じっさいに経済の内容そのものである実践的三段論法 *syllogismes pratiques* を構成している、前提と結論からなる議論から構成されていると考えること、ここにまさにタルドのオリジナリティがあるのだ。

権威からの暗示によってであれ、論証によってであれ、われわれが自分の考えを他者に伝えられるのは（これは財の交換の一方的な開始としての財の贈与と等価である）、考えを、その測定可能な数量的な側面によって表現するという条件においてだけである。論証によって、われわれ自身の判断を他者の頭へとむりやり叩き込もうとするとき、多かれ少なかれ、明確な三段論法をなさねばならない。すなわち、二つの観念のあいだに、類と種あるいは種と類の関係が確立されなければならない。このことが意味するのは、一方が他方に含まれること、つまり一方が類似したもの *similaires* として理解された事物の（不定数であれ定数であれ、現実の）数であり、他方がそれらを含みこむ一般的な命題として受け取られるということである。（PE-1, p. 289-290）

タルドにとって、経済の素材は現実的な力である――これは私たちにとってまだ難しいままのものだ。というのも、その力とは、レトリックがもつ力能だからである。つまり、まさに、説得力が、三段論法が、確信が、問題なのである。あるいはむしろ、レトリックがそんな力能を実現できるのは、モナドそれ自身のもつ評価したり計算したりする能力に、いわば侵食しているからである。[12] このような「計算可能な力」がベースにあるからこそ、計算装置や測定学的連鎖の追加が、遂行的で説明的な能力をもちうるし、それらが生産の力にさえなりうるのである。[13] モナドが、いつでも、あらゆる方法で計算をしているからこ

(12) タルドは結局のところ、確信の力という、この平凡な表現を真剣に受け止めようと努力している。「貨幣の際立った性格とそれがもたらした経済的変容について、さらに立ち止まって考察しておきたい。それは、政治経済学に対し、言い分がないわけではないが、初期の社会学者たちを魅了し、欺いた、社会物理学の雰囲気を与えている。貨幣は、物理学の本質的な観念である力と共通する特徴として、可能性であり、無限の潜在性であるという特徴をもっている。力とは、無限の方向への一定量の運動の可能性である。貨幣とは、無限の購入可能性によって獲得される、一定量の価値の可能性である。」(PE-I, p. 301)

(13) これこそが、――政治経済学の再構築と同じくらい奇妙な――論理学の完全な再構成へと飛び込んでいく理由である。Gabriel Tarde, *La Logique sociale*, Les Empêcheurs de penser en rond, Paris, 1999.〔社会論理学〕

そ、計算装置という微小な人工臓器の追加が、それらの評価の驚くべき増幅をもたらしうるのである。タルドの巧妙さは、こんなふうに混じりあった計算に、理論と学説の決定的役割を付け加えるところにある。

『経済心理学』のなかで、彼の天才がもっともよくわかるのが、ひじょうに古めかしい主題である「公正価格」についてである。彼は、「現実価格」との差異を確立するために——自然権のように——それを自然と呼ぶことが可能だと、一瞬たりとも考えていない。むしろ、この価格を決定するために、市場の客観性だけに頼ることは絶対にできないという。

経済学者は、もっとも自由な、もっとも抑制のきかなくなった競争でえられたものを自然価格や通常価格としてみなすことで、わずらわしい公正価格の観念を除去できたと信じた。しかし、現実には、このようにすることで経済学者は、強大で専制的な帝国においてはしばしばもっとも不当なものでありうる現実価格そのものを正当化したにすぎない。不幸なのは、結局のところ、それ自身無意識的に公正価格を完全に否定するものとして受け取られるこの観点が、それによって、現実価格に対して、やはり嘆かわしいある作用をするということである。古典派経済学者の信に全員が説得させられたときには、「需要と供給の自由な働き」による価格の決定の自律性は公正さ、そ、の、も、の、になり、この一般的な信念が、一般的な同意そのものとともに、ほかの時代であれば公衆の意識が拒絶していただろう法外な高価格やあまりの低価格について、なんの抵抗もなく成立するがままにさせてしまうことは、疑いないことである。(PE-2, p. 38-39)

いつものように、タルドにとって、科学は単に知る以上のことをおこなう。科学は世界に付け加える、科学は世界を巻き込む、科学は世界に襞をつくる、科学は世界をさまざまな点で複雑にする一方で単純にもする。だが、道徳や社会的正義という「邪魔な考え方」を取り除くのに、科学が信頼できるのだとぜったいに仮定してはいけない。科学者たちがずっと主張してきたように、諸力の関係、客観的科学、事物の本性を合致させることができたとしても、無数の隔たり、無数の判断、無数の微小な差異、無数の怒りが、「公正価格」によって「正当化された価格」を異なる形で評価し、枠づけることを止めさせることなどできないのである。

そのうえ、それぞれの時代、それぞれの国において価格に関する正義を形成している観念の作用を、どうして否定できるだろうか？　したがって、道徳を、人生を主導する大いなる信念や情念による、ふるまいについての高度で深い規則として理解するなら、どんな種類の消費が、道徳とまったく無関係でありうるだろうか？　そして、暗黙のものであれ意識的なものであれ、きわめて社会的かつ個人的な力である支配的な信念と情念を考慮に入れないのだとしたら、政治経済学のなかでわれわれは何を説明するというのだろうか？（PE-2, p. 37）

ここには、情念に駆られた利益を冷まそうとするものは何もない。経済を、よきガバナンスによって統治された、けっきょくは合理的で理にかなった個人によって冷たく支配された巧妙なものだと想像することは、動物や植物のいない、ウィルスもミミズもいない生態系を想像するようなものである。

社会ダーウィニズム、しかし反転させて

このモデルは、おわかりのように、ヘーゲルよりもダーウィンに似ている。スペンサーしかり、エンゲルスしかり、ベルクソンしかり、一九世紀後半全体はダーウィンのものであったと反論されるだろう。だがタルドが、その差異の形而上学のおかげで理解できたのは、ダーウィニズムというあらゆる摂理主義に対する究極の治療法が、モナドのうえにさらにこっそりと人工的構造、全体計画、目的性を追加されたことで、すぐに社会ダーウィニズムという毒になってしまったことである。[14] すべては発明、多様性、反復である、だが、それらを導くいかなる計画も、いかなる弁証法も、いかなる目的もない。まさに、われわれの近しい者たちである生物において、とりわけ、組織化するものと組織化されるものを区別することからはじめてはならない。タルドは、ダーウィニズムを、創造的進化、最適性、より適したものの淘汰などといった作り物の超越性を付け加えることによって、その

(14) このような批判は、現在では、生物学内部にさえもある。ピエール・ソニゴによって探究されている、遺伝子の現代理論における構造と情報の摂理主義 providentialisme 批判にそれをみることができる。たとえば、Jean-Jacques KUPIEC, Pierre SONIGO, *Ni Dieu ni gène*, Seuil, Paris, 2000.〔神でも遺伝子でもなく〕

発見をすぐに窒息させてしまうことなく受け入れることのできた、一九世紀の希少な思想家の一人である。(15) じっさい、まさにここにタルドのもうひとつのオリジナリティがある。つまり、彼の目からみれば、自然化することとは、つねに、「間 - 主観化」するために客観化を解除することを意味し、それと同時に、経済活動を科学者の主張から引きはがすことを意味する。だからこそ彼は、ダーウィンの毒をいかに取り除きつつ、生物のなかにアメリカ流の表現によるところのインテリジェントデザイン、「大いなる知性によるデザイン」をみるという深刻な病に対する治療薬だけを残す方法を、すぐに見抜いたのである。

経済学でも生物学でも、その試金石がつねに競争や攻撃性の問題であるということは、よく知られている。オオカミ、キツネ、ボノボ、オスを捕食するメスカマキリなどの物語を通じて、経済競争を正当化することに喜びを感じているかどうかで、本物のダーウィン主義者と偽のダーウィン主義者を見分けることはいつでも可能である……。(16)

ところで、タルドの鑑識眼はいつでも完璧で、競争を、発明と適応のあいだの特定の瞬間以外の何かと勘違いさせないように見分けてくれる。(17) この点について、彼にあいまいさはまったくない。経済学者は、博物学者と同様に、「自然」が本当にわれわれに提供しうるものについて把握するために、すべてを見直さなければならない。

この誤りは、おそらく経済学者に固有のものではなく、彼らはそれを博物学者から借りてきたのである。そして博物学者たちは、個体の全面的な殺戮のなかに種の創造そのものをみるかのように、生物の継続的な闘争のなかに生命の進歩の根本原因をみるという矛盾した観念に、長いあいだ見事なまでに魅惑されてきた。そしてたしかに、このパラドクスがダーウィンのような一人の天才によって極端にまで推し進められたことはよいことである。というのも、現在においても、自然淘汰は粛清的な殺戮の優れた作用因

(15) ミーム学研究者――この遺伝学、「遺伝子」の科学の模倣による「ミーム」のおおざっぱな科学が――タルドも後ろ盾としているのをみるのは興味深い。Susan BLACKMORE, *The Meme Machine* (Introduction by Rchard Dawkins), Oxford University Press, Oxford, 1999.〔スーザン・ブラックモア『ミーム・マシーンとしての私』上・下（垂水雄二訳、草思社、二〇〇〇年）〕

(16) うまれたばかりの経済科学が、いかに最新式の生物学という見かけの下で、じっさいには自然法則の理論を再び取り扱っていたのかを追究すること、これが、カール・ポランニーの著作『大転換』〔前掲〕の意味そのものである。

(17)「驚かされるのは、［…］同じ書き手が、あまりに多くの場合において、競争と交換を同時に称賛しているのを聞くことである」と彼はからかっている（PE-2, p.65）。「要するに、競争は、数世代の経済学者たちがその名誉を歌いあげてきた熱狂的な賛歌に値するというにはほど遠いのである。」（PE-2, p. 86）

であって何ものも創造しないこと、そして自然淘汰は、それが説明しようとしている生体の改良を、個体的変異というかたちで仮定していること、そして、われわれの眼から隠されている生の創造の秘密が、争いあう有機体の外的な衝突にあるのではなく、その受精卵の深奥にあると示すことが残されたままだからである〔……〕。

〔……〕生命と淘汰の競争理論の漸進的な伝播が、国民のあいだ、階級のあいだの猛烈な貪欲さを解放したことを理解していないのだろうか？　わたしたちヨーロッパ国家の人間がすでに実践し、あるいは前もって理論家たちが正当化してきたことである、弱者や敗者への甚大な攻撃の総体を、植民地政治あるいは階級闘争という名の下に可能にするために、良かれ悪しかれこの仮説から演繹された、力の法で満たされた社会が必要であった。（PE-2, p. 87-88）

見てのとおり、ここでは、生存競争が自然なものだとする暗黙の了解は、影もかたちもない。欺瞞的な生物学的な見方によって正当化された、欺瞞的な経済学の恐ろしい詭弁に対する〔タルドと〕同水準の怒りを再び見出すためには、半世紀後のポランニーの権威ある著作を待たねばならなかった。だが、タルドはポランニーよりも遠くへと進んでいる。

というのも、彼は生物学の誤りも同様に正して、経済からだけではなく、自然そのものからも、摂理主義を一掃しようとしていたからである。

〔その誤り〕は、精神を歪めるだけではなくて、心をも堕落させてしまう。それは、結局のところ、人間の出来事を織りなす織物の背後に、意表をつくような、一種のメフィストテレス的なアイロニーがあると信じることからなる。それは、善を悪から、悪を善からつくり出し、エゴイズムと強欲さによる恐ろしい憎悪、憤怒、好戦的な争いを、有益で豊かなものであるとし、愛や信、無私無欲や献身を、不毛で有害なものに変えることを楽しむものである。真実に対し不満を漏らすに違いないであろうこの嘆かわしい教説は、それを教えこまれることによって、もし仮にそれが正しかったとしても（とはいえ間違っていることが証明されているが）、ほめそやされた悪を勇気づけてしまうし、天才的な跳躍を、無力さで打つことで完全に根だやしにしてしまう。（PE-2, p. 87-88）

もう一度、公正価格の問題において、いつでもイメージに覆われた物質的な道をたどろうとするこの社会学の有効性を測ってみよう。「猛烈な貪欲さを解き放つ」ために、そして「弱者や敗者への攻撃」をおこなうために、「学説」が必要だったというのは、つまり、研究者、思想家、メディア、計量学的連鎖が必要だったということである。この学説は、自然淘汰へのよくある批判がいうように、人間を動物の地位へと低く評価するだけにとどまらず、むしろタルドの目からしたらもっと悪いもの、動物と生物を、経済至上主義 l'économisme が人間に与えようとしている地位へと引き下げようとする意味で、「悲惨な」学説である。タルドが認めないものが一つあるとしたら、それは、戦争と適者生存を正当化することである。この拒絶は、人間だけでなく、動植物にも当てはまる。このことは、争いが存在しないということを意味しているのではない。反対に、争いは著作の半分を占めている。彼は、人間の卑小さを取り除くために、自然の偉大な平和に訴えかけるといった、調和的なエコロジーの心地よさに身をゆだねることは決してない。争いはどこにでもある、しかし、争いを導くものなど何もなく、いかなる最適性も、適者生存を保証してはくれないのである。ここには弁証法も摂理もないし、メフィストフェレスも、神も悪魔もいない。タルドにとって、自然化するということは、経済活動を低くみることを意味するのではなく、反対に、経済活動を繁殖、増殖、発明の段階まで高めることを意味する。それによって、単に交換の形態だけではなく、財の内容までも説明することが可能になるのだ。

生産要素を再分配する

実際、自然《ネイチャー》の経済《エコノミー》についてのダーウィニズム的な受容の仕方（社会ダーウィニズムであれ、ネオダーウィニズムであれ）は、ある意味ではタルドを、当時はまだ存在していなかったバイオテクノロジーと生政治の注意深い観察者にした。自然は、いまや多様であり、いかなる目的ももたない。というのも、自然は、いわば、下からの発明そのものであり、人間がそれに目的を付け加えることを禁止するものではないからである！

いまだはっきりと意識されることないままに人類が向かっている理想の結末とは、一方では、この惑星のあらゆる動物相や植物相の優れたものとともに、同じ一つの目的の体系のなかで、自由に追求される人間の目的そのものへと向けて、協力しあう生き物たちによる調和のとれた合奏を編成するというものである。他方では、すべての力、すべての非有機的な物質を総体として捕獲し、調和している生命の和音の目的へと収斂させて、単なる手段として従わせるというものである。この遠い結末の観点に身を置くことによって、政治経済学の根本的な構想が、どんな点で見直されなければならないかが理解できる。(PE-1, p. 278)

そしてタルドが『経済心理学』のなかで取り組んだのが、まさにこの見直しである。彼は、経済活動をモナドの普遍的な流れに差し戻すことによって、経済的な発明を、自然の発明の増幅と異なるものとして理解することができるとは、まったく考えていなかった。では、彼にとって、主要な生産要素とは何なのか? それは、人間の発明を、なにも統合することなく、自然の無数の発明に接続することである。

〔理解するべきものは〕富の再生産だけでよいのか? そうしたいものだ。だがそれも、この再生産の原因を完全に分析することが条件である。土地、資本、労働を区分することは、われわれにとって十分に明らかなわけではない。これらのモノの奥底に向かうなら、それら自身も多様な自然の反復に分解できることがわかるだろう。土地が、物理－化学的な諸力の総体と、互いに作用しあう生き物たちの総体でないとしたら、いったいなんだというのか？　そこには一方に、エーテルあるいは分子的な振動の放射的な反復による熱、光、電気、化学物質や化合物があり、他方に、園芸家や育種家の技術で創られた有機的な同型または新種にあわせて、放射的かつ拡散的に生殖が反復される栽培植物や家畜動物があるのでないとしたら、土地とはいったいなんだというのか？（PE-1, p. 143-144）

　これで、タルドが自然化の問題をどのように解決したのかがわかる。それは、イノベーション、反復、モノそのものの適応へと近づけば近づくほど、それらに対して、彼のいうところの新たな習慣を提供するという解決である。その結果として、資本と労働のなかに生産要素をすぐに探そうとする現代の読者からは驚くべきことだが、その両方が再分配されているのをみることになる。

　労働が、例えば見習いを通して教えられた、たえず放射的に伝染される傾向のある一連の動作を、果てしなく繰り返すことを宿命づけられた人間の活動の総体でないとしたら、労働とはいったいなんだというのか？　そして資本そのもの、その本質とは、私からすれば、利用者が知っているとみなしうる所与の発明のまとまり、すなわち、ますます一般化され通俗化された知的な反復によって、発明者から利用者へと伝えられたものでないとしたら、資本とはいったいなんだというのか？（PE-1, p. 144）

タルドは、研究は愛しているが仕事はそうではないようだ！　彼は、一九〇二年において、余暇、カフェ、会話、流行、アクセサリー、観光などの文明を称賛している。退屈と機械化の鉄則が強制され、まもなく労働がバラバラに分業されることとなる時代のただなかにおいて、彼が称えたのは怠惰であり、有閑階級のおしゃべりであった。彼のお気に入りの話題についての次の驚くべき一節のなかでも、彼は、会話を本質的な生産要素として賛美している。

> 会話は、経済学者にとってきわめて興味深い主題である。まず、発話による言葉、書き言葉、印刷された言葉、電信での言葉、電話での言葉の交換をともなわない人びとのあいだには、経済的関係など存在しないからである。一人の航海者が、生産物を言葉のわからない島民と交換しようとするときでさえ、この物々交換は、無声の言語である記

号や身振りを手段としておこなわれなければならない。さらに、会話のおかげで実現した交換によって、相互に満足されることになるこれらの生産の欲求と消費の欲求、販売の欲求と購入の欲求は、そもそもどのようにして生まれたのか？　非常に多くの場合、やはり会話のおかげである。会話が話者から他者へと購入または生産すべき新たな生産物の観念を伝播させた。そしてこの観念にともなって、この生産物の品質または将来の売れ行きに対する信頼も伝播させ、最終的には、それを消費したいという欲望または製造したいという欲望を伝播させたのである。公衆がまったく噂話をしなかったとしたら、商品の陳列棚は常に、ほとんど無駄になってしまうだろうし、その商品広告として無数のトランペットが鳴り響いたとしても役に立たない。たった八日間だけでもパリでの会話が止んだとしたら、商店での販売数の特異な減少にすぐに気づくだろう。したがって、個人の暇な時間のおしゃべりよりも強力な消費の指導者などいないし、間接的とはいえ、これ以上に強力な生産要素などないのである。（PE-1, p. 195）

マルクスは、たしかにこのような議論を好まなかっただろう。だが、今日のバイラルマーケティングの専門家のように、とても自分大好き《ナルシスティック》なブログのとてもわずかな気分の変化を、きわめて敏感な秤で計算している人物であれば、何を語るだろうか？　もう一度いうが、タルドは、当時、彼が可能であってほしいと強く願っていた数量化を証明するための手段をもっていなかった。しかし今では、デジタル化が一般的になったおかげで、もしかしたらより有益なものとして、彼の最初の仮説へと戻ることが可能になっている。

資本の諸傾向

衝撃的な価値の逆転は、物質的な下部構造の厳しい現実も逆転させるのだろうか？　だが、タルドは何も逆転させていない。というのも、彼にとっては、下部構造も上部構造も存在しないからである！　彼は、価値の真の源泉を信念と欲望の微妙な変化のなかに見出すことによって、生産要素をあらかじめ再分配していたのである。ほとんど誇張なしに、経済学においては、いわば、すべては表面的であり、すべては道徳的であり、すべては非合理的であり、すべては繊細なのである。だが、このことを納得するには、資本に関するタルドの議論を読まなければならないだろう。

したがって私の意見では、資本概念のなかには区別されるべき二つのものがある。1．必須の、本質的な資本である。すなわち、現在のあらゆる富の第一の源泉の総体であるすべての支配的な発明である。2．多かれ少なかれ有用な、補助的な資本である。すなわち、これらの発明から生まれ、新たなサービスを手段として、別の生産物をつくり出すのに役立つ生産物の一部である。

この二つの異なる要素は、ほとんど、植物の種子のなかにある、子葉 cotyledon と呼ばれる小さな栄養の蓄えと、その子葉に包まれている胚 germe とが異なっているのと同じ仕方で異なっている。子葉は不可欠のものではない。子葉なしでも再生産される植物がある。それらは非常に有用なだけである。困難なのは、種子を開いて、子葉を指摘することではない。というのも、子葉は比較的大きいからである。胚は、非常に小さく、子葉に隠れている。貯蓄や過去の生産物の蓄積だけで資本が構成されると考えていた経済学者たちは、種子が完全に子葉によって構成されているとみなす植物学者と似ているのである。（PE-1, p. 336)

「子葉 - 資本」！ チューリッヒにいたレーニンが、タルドを読んで、この奇妙で植物的かつ牧歌的なイメージを前に大笑いしているところを想像してみよう。当時、革命家たちの心を燃え立たせた、巨大なドロップハンマー、煙をあげる工場、作業場、ストライキ、バリケード、こういった想像されるものから、どれほどかけ離れていることか。だが待ってほしい！　待ってほしい！　話はまだ終わっていない。今日において、産業廃墟の赤錆びた遺産の前を通り過ぎる人びと、あるいは、革命の犠牲者たちに捧げられた記念碑の前に花束を置く人びとは、より深い注意をともなって、タルドのいう「副次的資本」と「本質的資本」とを分かつものを読むに違いない。(18)

結局のところ、ほんとうに厳密にいえば、新たな機関車の生産のために必要な唯一のものとは、機関車の部品についての詳細な知識、機関車をつくるための原材料を抽出する仕方についての知識、それらを製造するやり方についての知識である。この観念の束は、その一つひとつが、有名・無名な発明家のおかげで出てきた大小の発明であり、一つの脳の中に集められた発明の束である。これこそが、機関車を組み上げるためにぜったいに必要だと要求される過去の生産物の唯一の部分——というのも、これはまさに精神的な生産物であり、学校教育の果実であるから——である。このことは、ほかのどんな商品の製造についてもいえるだろう。

たしかに、この過去からの知的な遺産しかもっておらず、種苗も、必需品も、道具ももたない個人は、農業的あるいは工業的な仕事をするためには、嘆かわしい条件のなかにいることだろう。しかし、遅かれ早かれ、生産することが不可能な状況にあるのではない。――一方で、もし、節約によって集められ蓄積された種苗や原材料をとても豊かにもっていたとしても、そして、とてもよくできた道具をもっていても、それらを使うための工業的秘密や従事すべき耕作方法について無知なままであれば、そのいわゆる資本のいっさいにもかかわらず、生産の無能力さに打ちひしがれることだろう。(PE-1, p. 334)

この著作から一世紀後、グローバル化に直面し、技術的研究やイノベーションの政治、生体の内的な能力への介入などの、非常に活発に議論されている問題に直面して、いわば「知」の社会と争っているわれわれは、資本そのものの想像されるものも、根底から変わ

(18) Vincent A. LÉPINAY, "Economy of the Germ: Capital. Accumulation and Vibration", *Economy and Society*, 36(4), 2007, p.526-548.〔胚 – 資本の経済――蓄積と変動〕

らなければならないということをはっきりと理解している。[19] タルドは胚‐資本の正確な特徴づけを、ときにためらっている。その多様なバージョンを読むことができるが、その都度彼が関心を抱いていたのは、時間経過に応じて変異させ、差異化させる胚‐資本の能力である。

ここで、資本の胚芽的性質を定義するためにタルドが配置した異なる複数の対立について、立ち止まってみておこう。まず、資本と労働の区別である。「資本と労働の区別は、このように、結局のところ、モデルとコピーの区別に帰着する」(PE-1, p. 83)。労働を価値の源泉として考える習慣からするととても奇妙に思えるこの区別を、より明確に理解できるように試みよう。

資本がモデルで労働がそのコピーだというのは、第一にタルドが、反復を起こすものと発明を起こすものとを切り離すために、労働をそのもっとも貧しい意味において理解しているからであろう。労働は、なまの力であり、特定の質をもたない惰性 inertie であり、それ自身の運動に差異をもたらすことができないものである。それに影響を与える変化は、すべて外部からやってくる。こうして、人間の還元不可能性のトレードマークである、労働社会学者から借りてきた表現でいうところの発明的労働は、もはや別の次元にあることになる。すなわち、それはすでに、なまの力をその環境に適合させ、その習慣を維持するように調節する差異化のための作用因を無数に含んでいるのである。おわかりのように、もっとも反復的な労働でさえ、普及している小さなイノベーション――それはすでにあった対立に対する小さな解決でもある――の継続的な生産を必要とする。ただ、労働それだけでは、対立に対して差異を分岐させたり作動させたりすることはけっしてできない。労働だけでできるのは、反復し尽くされることだけだ。モデルを装備した労働は、障害を乗り越えるために、その軌跡を任意の方向へと曲げたり、伸ばしたりする。タルドは大胆にも、発明的労働――いわば労働社会学者たちが出会うほかない労働――を純粋な傾向としてとらえないで、むしろそのなかに、対立に応じて動員されたなまの力とアクティブな小

(19)「地震」について語るときでさえ、タルドは下部構造と上部構造のメタファーを逆転させることに成功している。「逆に、それ［胚－資本］に損害を与えるものすべてが、その余波によって子葉－資本を変質させる。ローマ世界がキリスト教化したあとで、心の習慣の変化だけではなく、信仰の変化の結果は、建築に関する素晴らしい発明に致命傷を与え、サーカスやギリシャの寺院を活気のないものにし、共同浴場や水道橋などを付け加えた。そしてさらに、帝国の大地を覆っていた建築物のある型の無数の模範例の価値を、ほぼ完全に消滅させる結果となった。それはまるで、地震がこれらの美しい建築物をうち倒し、過去の設備を飲み込んでいったかのようであった。」（PE-1, p. 338）

さなモデルとのもつれと組み合わせをみようとする。これらのモデルこそ、細心の注意を払うべき対象である。

> ［……］原野に生きる労働者は、道具を持っていなかったなら、別のより単純な道具を使って、あるいはその指さえ使って、その道具を作り出すだろう。画家は、塗料も絵筆も持っていなかったとしたら、それらをやはり作ろうとするだろう。だが、このことには、たったひとつだけ、必要条件がある。つまり、彼らが、モデルとして採用できるような同じような道具をすでに知っていて作ることができるか、あるいは、それを一度も見たことがなく作ることができないとしても、少なくとも、それらを発明することができるという条件である。（PE-1, p. 82）

このとき、なまの力としての労働は、「子葉‐資本」――副次的資本――にとてもよく似ている。この二つの種には、自律的な仕方でその軌跡を修正できないという特徴がある。それらが自律性をもたない理由は何だろうか？　逆説的なことに、それらが、あまりに純粋な傾向であり、それは進路を変更することができないことを意味している。自律性は、組み合わされたものにのみ、つまり、不安定な干渉の結果であるそれぞれの実体にのみ、もたらされるのだ。裸の労働のなまの力が、よく似た対立に対する以前の解決である模範例の組み合わせでできているとき、差異は効果をもたらすことができる。不活性の物質が、ある生産技術と接続されるとき、それに命を吹き込むプロセスが実行され、厳密な意味での資本の仕事のなかにわれわれを入り込ませる。なまの労働と同様、子葉‐資本は、思考の訓練であり、経済人類学の領域において見出すことがとてもむつかしい、境界線上の事例である。実践的には、みえるものはすべて組み合わされたものである。だが、資本の観念——あとでみるが、資本主義の観念もそうだ——があまりに性急に混同している、大きな複数の概念的な傾向を指摘すること、もう一度いうが、これこそが、タルドの分析の力である。

われわれにとってまったく見慣れない数節のなかで、とうとうタルドは、個体化と振動と発芽とを、同じものだとみなすようになる。天才であることと胚であることが、しばしば混同されるのだ。それは、胚や振動の再定義であるのと同じくらい、天才を影響線あるいは模倣線の交錯として再定義することでもある。彼はときどき、精神と胚を同一視さえする。「人的資本」の表現を用いて、精神に起業家のイノベーション能力を与えるような場合に、そうしている。だが、ゲーリー・ベッカーの名のもとに[20]、シカゴ学派に後継者のいる人的資本の経済学的読解に対して、タルドは別の場所に分水嶺を位置づける。もう一度いうが、経済的行為者は、胚の差異化＝分化の唯一の場所ではない。ホモ・エコノミクスは、差異化がもっとも乏しい事例だとさえいえるかもしれない。その最大化の格率への忠実さによって、彼は差異化する代わりに、推論し、反復することで満足するだろう。経済学の文献のなかにこの発芽に関する研究の例を探しているのなら、ジョン・メイナード・ケインズ[21]あるいはヨーゼフ・シュンペーター[22]が描く、起業家についての描写のなかに求めるべきだろう。こんなふうに、胚を含む資本についての新しい理論には、二重の読み方がある。一つ目は、ためらいに対するタルドの関心であり、以前の彼の数々の文章のなかに見出すことができる[23]。これは、現代の歴史学者や科学社会学者のあいだで流通している表現によれば、文字通りに、いままさに作られつつある資本の研究である。

　だが、胚‐資本について可能なもう一つの読み方があり、それは、その協同的な起源、革命的な次元を最小化する読み方である。この読み方では、先ほどとは反対に、胚を、ある世代から別の世代へと保存され伝えられる最終生産物であると強調する。このとき、胚の潜在的な性質は失われる。その代わりに、資本の発芽的な形態と、それを運ぶ経済的組織の記憶能力との内的な関係とが、前面に出てくるのである。

発見や発明は、人間の知識または力を高める、あるいは両者を同時に高めるだろうが、それらはつねに、われわれの内部で、神経的記憶あるいは筋肉的記憶のなかで、精神的ネガ、後天的な習慣、観念、才能といった仕方で具現化しているか——あるいは、われわれの外部において、書物や機械に具現化している。書物とはわれわれの脳の延長である

(20) Gary S. BECKER, *Human Capital: A theoretical and Empirical Analysis, with Special Reference to Education*, Columbia University Press, New York, 1970.〔ゲーリー・スタンリー・ベッカー『人的資本——教育を中心とした理論的・経験的分析』(佐野陽子訳、東洋経済新報社、一九九二年)〕

(21) John Maynard KEYNES, *Théorie générale de l'emploi de l'intérêt et de la monnaie*, trad. fr. Jean de Largentaye, Payot, Paris, 1963.〔ジョン・メイナード・ケインズ『雇用、利子および貨幣の一般理論』上・下(間宮陽介訳、岩波書店、二〇〇八年)〕

(22) Joseph A. SCHUMPETER, *Capitalisme socialisme et démocraties*, trad. fr. Gael Fain, Payot, Paris, 1964.〔ヨーゼフ・シュンペーター『資本主義、社会主義、民主主義』1・2(大野一訳、日経BP、二〇一六年)〕

(23) とくに『社会論理学』では、小さな不確実性の心理学によって形式論理学の観念そのものを刷新しようと試みるべく、論理的なためらいの社会的研究に紙幅が非常に大きく割かれている。

り、かつ付属物にほかならない。機械は付加的なメンバーにほかならない。書物は外的な記憶である、あるいは記憶は内的な書物であり、見えない図書館の一種が、われわれの下位 - 自我のうちに隠されており、われわれは望んだときにそれを見ることができるということを、区別なくいうことができる。同様に、機械は外的な才能であり、才能は内的な機械である。［……］そういうわけで、昔の職人の多様で多彩な巧みさ、彼らの長い見習い期間、特別な習慣のゆっくりとした蓄積は、相次ぐ機械の製造によって、その大部分が無用なものとなった。機械は、才能とそれを行使する器官の外的な投影であり、しばしばその驚異的な増幅に他ならないのである。そして、このことからいえるのは、これらの機械の破壊が、才能を復活させることを強いるとしたら、例えば、印刷機の廃止が書家や草稿の装飾家を甦らせ、あるいは、製糸工場の廃止が昔の製糸職人を甦らせるのだとしたら、こんなふうに復活した才能は、破壊された機械を単純化し小さくして受肉したようなものになるのだろう。（PE-1, p. 353-4）

道具と記憶は、こんなふうに、切り離せないほどに結び付けられている。深層と表層、内的と外的、自然と人工、いかなるカテゴリーも、タルドによる再解釈を逃れられない。

胚‐資本——必須のもの——を再定義することによって、タルドは子葉‐資本——副次的なもの——も再定義した。この点について、経済学者たちよりも正確であることに何も悪いことはない。彼らは物質資本を、違いをみわけられない物質の膨大な寄せ集めとしてみなして、いい加減に取り扱ってきた。タルドのオリジナリティは、その読解のなかで、自然と人工物の世界を混ぜ合わせているところにもっともよく読み取ることができる。道具を特徴づけるものを探し求めて、けっきょく彼は、道具を抵抗の勾配 *gradient de résistance* として定義する。

あらゆる道具は、それが手仕事のためであれ、知的な仕事そのもののためであれ、固体の状態の物質であって、液体や気体の状態ではないと指摘しておこう。〔……〕なぜそうなのだろうか？　それは、われわれは抵抗するものによってしか支えられないからである。固体性とは、抵抗であると同時に、支えでもある。道具と固体性は、動物から植物まで、つまり動物学的な序列の端から端にいたるまで、その切っても切れない結びつきを観察できるほど、とても密接に結びついた二つの観念である。生物の道具は、それぞれの細胞にとっては、組織の付属物あるいはその拡張である。それらは多かれ少なかれ動的で、つねに多かれ少なかれ抵抗する組織でできている。そしてそれらは、有機体全体にとっては手足であり、つねに身体の残りの部分との関係で常に一定の固さをもっている。（PE-1, p. 258-259）

道具と物理的資本に本質的な固体性への言及のあとであれば、胚と子葉のあいだの緊張関係についてよりよく理解できる。絶えず発明し差異化する不可欠な資本と、絶えず習慣のなかに埋もれていく副次的な資本という、二つの形態の資本の運命を区別することによって、タルドは新たな変異の範囲に注意を向けることができた。すなわち、胚‐資本が常に発明を生じさせる一方で、子葉‐資本は、それに対立を引き寄せる。胚‐資本が生き延びられるのは、静的な公式へと固執することによってではなく、その多彩さと、つねに新しい分かれ道を探検し、――たえまない適応によって対立を避ける能力によってのみである。固定資本、物質資本には、こんな幸運はまったくなく、落雷に対する避雷針のように、対立を引き寄せるのである。

共可能性の経済

タルドは、人と財との間のつながりの明瞭性よりも秩序に関心をもつ経済理論によって確立された境界を再び壊すことで、人間以下の、あるいは人間以上のエージェンシーに、欲望を与える。『経済心理学』第一巻の導入を締めくくる書物の経済学の見事な例は、この資本の新たな理論に走る緊張関係をよく描き出している。タルドは書物という財を、引用と参照の作用を通じて、友と敵、魅力と反発をつくりだしうるものとして描いている。

だが、生産物とみなそうと、教育とみなそうと、ある書物は他の書物と同盟しあうし、争いあう。教育としてみなされるとき、他の書物をともなわない書物など存在しない。——多くの場合、それらは参考文献として示されており、その書物を確認し、補完するのだから、いわば、その書物のためにつくられたといえる。〔……〕経済学者たちが商品生産の一般条件を探究したように、書物の生産のための一般条件を探究するなら、土地、労働、資本という三要素の有名な区分は、ここでもやむを得なければ適用できるが、そのためには大幅に改変させる必要がある。とくに資本にかかわるものは、絶えず増え続ける過去のグッドアイデア、相次ぐ発見と発明の遺贈 legs として受け取られるべきである。(PE-1, p. 89-91)

ネットワークを定義し、集合体を構築する力によって、書物は、胚の仕事にも参加する。人がそれを先駆的、主導的だとするとき、イノベーションの系列に加えることができる。また、数十年間の眠りのあとで再発見されうるし、未来の研究者に対して、手つかずの大陸を再び開くこともできる(タルドの著作のように!)[24]。忘れられていたときには、それは反復的な標本であり、子葉 - 資本の一事例でしかない。だが、再発見されたとき、低温で眠っていたバクテリアのそれと同様に、活動を再開させる。もう一度いうが、胚——コード——と子葉——形をもたない素材——のメタファーに騙されてはいけない。タルドの存在論のなかで、少なくともその経済学においては、形をもたないものなど何もない[25]。タルドがライプニッツ主義者なのは、偶然ではない。それぞれの魚のなかに、魚に満ちた池があるのであり、そのようにして、無限ニ続ク。

この模範例の循環と普及のプロセスへのタルドの繊細な関心は、一九八〇年代の経済学の文献のなかに、標準化と経路依存性の観念のもとで再び見いだせることを、はっきり明記しておこう[26]。これらの文献は、経済的な財そのものの具体的な物質的性質を、ふたたび前面に押し出した。それまで距離が置かれ、連続する空間のなかの点としてのみモデルに含まれていた——つまり、それらは結局のところ交換可能であるためにつねに自由に位置を変えられる点としてモデル化されていた——経済的な財の特徴は、大規模な産業の展開の源泉として再び浮上したのである。つねにそれらを同じ仕方で公式化しているわけではないが、近年の経済学はここで、タルドのもっとも独創的な直観を取り上げている。その

---

(24) 模倣の内容に対する関心こそが、ある種の認知科学者たち、ダン・スペルベルのように、たとえその心理学的メカニズム——もちろん脳のメカニズムについても——異議を唱えている場合でも、彼らがタルドに対して抱いている好みを説明してくれる。Dan SPERBER, *La Contagion des idées*, Odile Jacob, Paris, 1996.〔ダン・スペルベル『表象は感染する——文化への自然主義的アプローチ』(菅野盾樹訳、新曜社、二〇〇一年)〕

(25) 子葉 - 資本となまの労働の思考実験が示すのは、形をもたないものは、変異へと向かう諸存在にどれほど大きな犠牲をはらって得られた結果にほかならないのかということである。なまの労働を得るためには、そのすべての質を剝ぎ取らなければならない。流れ作業は、デフォルトでほとんど変異がないため、それに成功することがほとんどない。

(26) Paul A. DAVID, « Clio and the economics of QWERTY », *American Economic Review*, 75, 1985, p.424-440.〔クリオと QWERTY の経済学〕; Michael L. KATZ, Carl SHAPIRO, « Network externalities, competition and compatibility », *The American Economic Review*, 75, 1985, p. 424-440.〔ネットワーク外部性、競争、互換性〕

直観によれば、源泉を経済（希少性、最大化、利益）に割り当てるのではなく、むしろ適合性と調和、対立、そしてリズムに基礎づけられた心理学を割り当てるのである。もはや経済学は、台座や究極的な基礎でありつづけることはできない。むしろそれは、配置の安定性といったものでしかない。この観点からは、伝統的な経済学理論の区分はもはや意味をもたない。ミクロとマクロの対立は、すでにある争いを比較可能にするための、公式化、組織化、平準化の作業に隠れた、恣意的な二つの点でしかないのであり、最終的には新たな適応によって解消されるのである。

「資本主義体制」は一度も存在しなかった

生産要素についてのタルドの奇妙な考えをすべて受け入れるなら、われわれの歴史において、明らかに、資本主義の台頭とはまったく別の何かが起こっていたのだということに気づくかもしれない。そして、これこそがまさに本書のオリジナリティの一つである。タルドは、経済史をひっくり返し、資本主義という怪物を生み落とした大きな分裂、ラディカルな革命、認識論的断絶を、まったく信じていないのである。

知ってのとおり、われわれの現代社会に限定されたものでもなく、歴史的なものでもなく、論理的で普遍的な必然性として真に蓄積されるもの、それは、胚‐資本であり、天才的人間による破壊不可能な観念の遺贈である。この観点からすると、資本主義体制について語ること、あたかも資本主義が社会の過渡的な時期であるかのように語ることは、もっとも不適切な表現を使うことであり、精神を迷わせるものである。――この知的資本から生まれた物質‐資本については、その都度ごとに破壊され再生産されるのであって、戦争または革命の被害のあとに資本が再生産される速度に関するジョン・ステュアート・ミルの指摘は、物質資本だけに当てはまる。しかし、物質資本は常に再生されるわけではないし、それはもはや再生されず消滅することもありうる。そして、衰退しつつある国民がじょじょに貧しくなっていく光景は、資本には常に成長することを強制する内的な必然性などまったくないということを、われわれに確信させるのである。
(PE-1, p. 348)

けっきょく、資本主義の名の下に、何が起きたのか?　いかなる「内的な必然性」もそれを説明してはくれない。『経済心理学』の全体を通して、タルドは、過去との断絶なしに、もう一つの現象について強調している。それは、彼の定義する模倣と感染のネットワークの拡張と強化、そしてその結果としての数学化が起こったということだ。それを、冷静な客観化と混同してはならないのは、いまや明らかなことだ。われわれは、昔ながらの交換の魅力から商業的な抽象化へと移行することは決してない。したがって、タルドにとって、抽象化の上昇などなく、商品のフェティシズムもなく、情熱＝情念の減少も、冷たさの増大もない。私たちは、イノベーション、生産、商業化、コミュニケーションについての新たな技術の、より遠方との混じり合い、より大規模な交差やもつれを通じて、過去から現在へと移動している。例えば、このようにして、町の触れ役〔ニュースや法令などを町中で叫んで回ることで、人々に伝える職業〕から近代広告への移行が起こった。

この変化、聴覚的な広告から視覚的な広告への漸進的な置き換えの理由は、後者が他方よりも、広範囲に展開させることにより適しているからというものである。この新聞の宣伝や、壁のポスターのたくさんの例の射程は果てしなく広がることができるが、一方で、町の触れ役をそれほど増やすのは難しいし、高くつく。結局のところ宣伝は、その放射の方向においてますます大きく、自由に、容易になるように変わっている。一般的に聴覚的な宣伝の数は、耳障りになるので、一定数を超えて町の路上に増やすことができないだろう。それに対して、視覚的な宣伝の数は、そのいずれかは記憶のなかでぼやけてしまうかもしれないが、路上でそれぞれの明確な視覚的な特徴を失うことなく増やすことができる。(PE-I, p. 189)

われわれはここで、すでに指摘しておいた、計算可能な技術および会計の道具と、ネットワークの延長と呼ぶことができるものとのあいだのつながりを再び見出す。われわれが前節でみてきたように、資本主義は、タルドを熱中させた政治的・道徳的な大問題をたしかに提起しているが、近代と抽象の突然の出現によって、歴史人類学を切断することはなかった。フェルナン・ブローデル(27)とイマニュエル・ウォーラーステイン(28)のずっと以前に、

(27) Fernand BRAUDEL, *Civilisation matérielle et capitalisme, XVe-XVIIIe siècles*, Armand Collin, Paris, 1967.〔フェルナン・ブローデル『物質文明・経済・資本主義 一五－一八世紀』全六巻(みすず書房、一九八五－一九九九年)〕

グローバル化の途上にある市場の人類学を把握するために適しているのは、ネットワークと信頼のシステムの拡大という観点をもっていたからである。その射程は広げることができるが、それらをより社会的ではなく間主観的でもなくすることはできないし、情念に駆られた利益を弱めることもできない。人は、社会を「経済化」することはできるが、合理化することも近代化することもできない。だからこそ、タルドは、証券取引所とその驚くべき発見を、伝統的市場からの流れのなかで、身近な場として、あるいはむしろ、身近な道具に至るまで、さらによりもつれた、より強い間主観性そのものを提供する場所として記述したのである。

理性だけで、もっともらしい冷徹で賢明な計算によって、良識ある精神の使用によって、自らの工夫に身をゆだねて、他者の影響なしに、任意の株式のあいまいなリズム的変動、例えばこの二世紀のあいだのイギリスの株式の一〇〇分の三でも、正当化できるものならやってみろといいたい。(PE-2, p. 198)

なぜ経済が何よりもまず間主観的なのかを理解したいなら、証券取引所に行くべきである！[29]　そこではどんな抽象化についても発見できないかもしれないが、だが反対に、すべての投機、まさしく投機――以前に論じた闘争の間‐心理学的そして心理学的意味において――がそこで起こっているという、明白な事実がある。最近起こった世界金融危機を理解したいと考える人なら誰でも、タルドが正しいに違いないことを否定しないだろう。金融が経済をあまりに抽象化してきたと非難するひとのいつもの不満とは反対に、証券取引

(28) Immanuel Maurice WALLERSTEIN, *Le Système du monde, du XVe siècle à nos jours*, Flammarion, Paris, 1992.〔イマニュエル・モーリス・ウォーラーステイン『近代世界システム』1‐4（川北稔訳、名古屋大学出版会、二〇一三年）〕

(29) 金融社会学者が否定しないであろう示唆である。Mitchel Y. ABOLAFIA, *Making Markets. Opportunism and Restraint on Wall Street*, Harvard University Press, Cambridge（Mass.）, 1996〔市場をつくる――ウォール街における日和見主義と自制心〕; Olivier GODECHOT, *Les Traders. Essai de sociologie des marches financiers*, La Découverte, Paris, 2001〔トレーダー――金融市場の社会学試論〕; Fabian MUNIESA, *Des marchés comme algorithmes: sociologie de la cotation électronique à la Bourse de Paris*, Thèse de doctrat（sous la direction de Michel Callon）, École des Mines de Paris, 2004〔アルゴリズムとしての市場――パリ証券取引所における電子取引の社会学〕; Donald MACKENZIE, *An Engine not a Camera, How Financial Models Shape Market*, MIT Press, Cambridge（Mass.）, 2006.〔エンジンであってカメラではない――いかにして金融モデルが市場を形成したか〕

所においては、経済は頭で歩んでいるのではなく、むしろ、たしかにその足で歩んでいるのだ。

市場の拡大と証券取引所の設立以前は、小麦の価格を横暴な仕方で固定するための、先物取引は存在しなかった。だが、例えば、アンシァン・レジーム下での小麦価格は、ある地域、ある時期の小麦の実際の不足または余剰によって、決定されていたのだろうか？　そうではない。この時代、人びとの知識が非常に乏しく、自分の村での収穫量しか知らなかった時代においては、小さな隣町の卸売市場に運び込まれた小麦の量に応じて、豊作なのか飢饉なのかを判断していた。このとき、数人の買い占め人（というのも、今日の証券取引所にギャンブル好きの大銀行家が複数いるように、複数の買い占め人がいた）さえいれば、一つか二つの自治体の収穫を流出させたり、（大地主の場合は）自分たちの収穫を倉庫にため込むことでまったく人工的な飢饉のように見せかけて、その結果、飢饉が現実であったかのように、小麦の価格をおどろくほど高騰させるには十分であった。

(PE-2, p. 46)

この文章では、経済的なものの社会的なものへの埋め込みという観念からは遠く離れたものとして理解されている。[30] そしてこれこそ、タルドが多くの紙幅を費やした決定的な理由である。バロリメーターの普及によって、学問としての経済学を変容させるもの、それは、社会的なものそれ自身の計算可能性である。それは、情熱＝情念の温度と主観性を減少させるものではない。すなわち、計算可能性は、情熱＝情念に対して、測定によって少しの追加的な予測可能性を提供するものである。タルドの証券取引所の理論が、価格形成の問題と同じくらい重要であるとしたら、それは、まったく心理学的な、不確実性と、偶然性のあいだの移行、つまり会計制度の普及によってたんに容易化し、増幅し、単純化し、形式化しただけのその移行を、最良の仕方で理解しうるからである。こうして、社会的世界の数学化、経済化、「金融化」の歴史のあいだの平行線は、バロリメーターの増殖のおかげで、不確実性の体制からもう一つの体制へとじょじょに移行していったといえるだろう。

(30)「埋め込み」の概念については、Karl POLANYI, *Primitive, Archaic and Economy : Essays of Karl Polanyi edited by George Dalton*, Beacon Press, Boston, 1971〔原始、古代、経済〕、この概念に対する批判は、Michel CALLON, *The Laws of the Markets, op. cit.*〔市場の法則〕を参照のこと。

数学の進化は、算術から代数へ、数の理論から関数の理論へと進む。貨幣の進化は、金属貨幣から紙幣（貨幣におけるある種の代数的記号）へと移行し、商品の取引（ある量の貨幣と商品またはサービスとの交換がなされる）から、証券取引所における有価証券の取引（金融の名義を一方から他方へと交換する）へと移行する。証券取引所においては、貨幣と品物の総体とのあいだの関係である有価証券は、それ自身、別の証券との関係によって評価される。これは二次の関係である。その相場によって、有価証券は、互いに関数として現れ、ある一定の法則にしたがって、総体として上下するのである。（PE-1, p. 289）

これこそ、結局のところこの著作全体を要約する以下のような文章を書くことのできた理由である。「経済科学を数学化しようという傾向と、それを心理学化しようという傾向は、両立しないわけではまったくなく、むしろ、われわれの目には、相互に支えあっているに違いないようにみえるのである」（PE-1, p. 141）。

いまや、われわれは、どのようにタルドが、普通の議論の区分の一切をわきに置いたまま、経済心理学の素材を区分していたのかを理解できるようになった。

「富の生産」という代わりに、経済的反復といおう。そしてこのことを通じて、人びとがお互いのあいだでもっている諸関係について、類似した欲求の伝播、類似した労働の伝播、そしてこの労働とその結果の効用の多寡についての類似した判断の伝播、類似した商取引の伝播という観点から理解しよう。［……］

経済的対立の部では、人間関係を、欲求と効用の判断の心理的で気づかれにくい矛盾や、競争、ストライキ、商業的戦争などによる、人間の労働同士のより明示的な葛藤の観点から理解しようとする。［……］経済的適応の部においては、人間が互いに有している関係を、新たな欲求の満足または古い欲求の最良の満足のための古い発明の協働という観点から、あるいは、すでに発明された富の再生産からみた努力と労働の協働（暗黙の、あるいは明示的なアソシエーション、労働の自然な組織、あるいは人為的な組織）という観点から取り扱う。（PE-I, p. 100-101）

このような変化を被ったあとでは、経済学は、もはや、まえに彼がからかった「迷子石」ではなくなるだろう。

政治経済学をこの新しい型で鋳直そうと苦労して試みるなら、政治経済学は、それに属するものやすでにもっていたものを最良に配分し、そして、これまで自分のものとして要求してこなかったものを獲得することによって、それを奇妙だとするものとの選抜に勝ち残ると人がみなすだろうと私は信じている。政治経済学は、よりよく境界画定され、よりよく満たされることで、同時に、より正確で密度の高いものになるだろう。そして同時に、知識の理論、権力の理論、法律の理論、義務の理論、美学／感性論の理論にも適用可能な、この三つに分けられる区分の豊穣さが現れるだろう。(PE-1. p. 102)

第三章　摂理なき経済

いまや読者たちが、いわば、なまの、未調理の経済を取り戻させてくれるこの著作の奇妙さについて、受け入れる準備ができたと願っている……。なにものにも先導されておらず、隠れた構造によっても統制されていない痕跡、現象の外部にあるあらかじめ把握可能な法則のなかでも、とくに自然法則によって支配されていない痕跡、そんな痕跡を追いかけることに、読者たちも慣れてきているはずである。ダーウィン主義者になること、真の意味でのダーウィン主義者になることによって、タルドの手の中にある自然は、これまで自然を動かしていた見える手も見えざる手も失ったのだ。タルドは、自らの社会学と形而上学のすべてを挙げて、経済学的問題を取り上げるとすぐにやってくる根強い先入観に反対している。その先入観とは、市場、自然、国家のどこかに、調和化のメカニズムがあるというものである。われわれは政治を実践しなくても済むように、このメカニズムを頼りにしてきた。ところで、タルドにとって、摂理は存在しない。これは本書の中心であり、すべてがこの結節点に向かって収束している。その結果として、経済学者の経済学――右派のものであれ、左派のものであれ――に頼らずになんとかするしかない。でもどうやって？　そう、人為的に、発明によって、こじ開けるのだ。

政治経済学における政治の回帰

『経済心理学』の始まりと終わりで、この議論をもっともわかりやすいかたちでみることができる。終わりのほうにある次の宣言からはじめよう。構築主義的という言葉ができる以前のものだが、そう呼んでいい宣言である。

　アダム・スミスとその学派のあらゆる政治経済学は、利己主義の自生的な一致、すなわち、バスティアのいう経済的調和という暗黙の前提に基づいている。問題は、利己主義が調和を実現するのは、それ自身によってなのか、人為的になのかを知ることである。

この問題に対して、経済的対立を総体として見渡し、非常に多くの場合に利害の本質的で根源的な敵対性を示すものとして理解した人なら誰でも、スミスの意味とは反対の意味でばっさりと決着をつけるだろう。利益の調和化は、人為的な手段によってしか得られない。そしてこの人為的なものこそが、発明なのである。(PE-2, p. 229)

これが書かれたのが一九〇二年であることを忘れてはならない。それは、一世紀もわれわれをぼう然とさせた第一次世界大戦の一二年前、そしてロシア革命の一五年前のことであり、自由主義と社会主義、自由放任主義と保護主義の論争のただなかにあった。「ネオリベラリズム」と「オルターグローバリゼーション」という形で、これらの論戦はいまも続いている。タルドは、他の著作で社会理論と同じくらい社会科学と自然科学のあいだのつながりを刷新したおかげで、「人為性」と「発明」という語において、諸問題についての問題を立てることができた。それはつまり、「政治経済学」という表現のなかに、政治という語を取り戻すことである。しかし、空想上の生物学からの密輸入でもちこまれた「自然法則」によって支配される物質的な下部構造の存在を信じていたら、これは明らかに不可能なことである。

このように理解された政治学と政治経済学の区分は、可能な限りはっきりしている。一方の政治学は、同じ仕事に携わる国民や党の欲望のより力強い協力の道を探究するものである。他方の政治経済学は、それらのより広範な、相互利用の道を探究するものである。つまり両者は、それらの適応を理解するための、大きく異なる二つの仕方なのである。（PE-1, p. 152-153）

もはや経済の社会的なものへの「埋め込み」は存在しない。社会的なものは固有の領域なのではなく、むしろアソシエーションと伝染の原理であるからである。また、経済学の帝国との境界を定める国境にしたがって限定されてきたであろう、政治学の王国ももはや存在しない。そもそも領域がまったく存在しないのである。あるのは、拡大の途上にある欲望と信念の絡みあう織物だけであり、それらは多かれ少なかれ、コミュニケーション技術――新聞や電信、有閑階級のおしゃべりなど――から、同様に、計算装置――値札の価格、証券取引所や統計データ集など――から、それぞれの利益を得ている。言い換えれば、同じ織物に沿って、同じネットワークを手探りで行来しながら、同じ放射、同じ感染に依拠しながら、経済学と政治学は、同じ対象を二度取り扱うのである。

では、どのようにしてそれらを区別すればよいのだろうか？　両者が推し進めている組織化のタイプの違いによってのみ、区別できる。政治家にとっては「協力」であり、経済学者にとっては「相互利用」である。それぞれに固有の調和化について語ることができるが、それは、進化法則によって与えられたものではない。それは、解決がわれわれに固有の発明に依拠しているような、ひとつの問題である。

最後に、生産が消費とできるかぎりよく適合するためには、それぞれの項がそれ自身とできるかぎりよく調和していなければならない。すなわち、生産のさまざまな種類が、可能な限り互いに妨げあうことを少なくし、可能な限りに互いに助けあい、同じ国民的目的に向けてできるかぎりよく調和していなければならないのである。一言でいえば、自生的または意識的につくられた、労働の最良の組織化である。そして、この自生的または意識的につくられたヒエラルキーのなかで、さまざまな種類のニーズと消費をうまく適合させるような、一般的で論理的な、共通の行動プログラムや人生プランがありうるのではないか？　いつの時代でも、社会が苦しめられてきたこの二つの大問題は、解決を断続的に受け取ってきた。前者が受け取ったものとしては、古代の奴隷制としての解決があり、中世の君主制と同業組合体制としての解決があり、現代のリベラルな解決があり、公式が探究されているような社会主義的な解決、あるいはまったく別の解決が期待されたりしている。(PE-2, p.211)

政治学を不要にするような経済学など夢見ても意味がない。経済学を無用なものにするような政治学など夢見ても意味がない。〔両者は〕情念に駆られた利益の組織化と配分の異なる仕方でしかない。信念と欲望の絡みあいにおいては、すべては人為的な組織化の対象であるはずである。それらを誰かの手に委ねるわけにはいかない。「人生プラン」、「共通の行動プログラム」はありうるかもしれない。たしかなことが一つだけある。それらは超越的なものではなく、内在的で、偶発的で、編成されたものであるはずだということである。だが、この拘束の力能、内在性の力能を把握するためには、摂理の問題の奥底まで、つまりはインテリジェントデザインの教義の究極的な源泉まで、進まなければならない。

「アダム・スミス問題」と神の問題

その発見が今後の政治生活を占めるような「人為性」を、自然科学に頼らないで、どうすれば見つけられるのだろうか？　政治経済学においても、どうやったら発明的になれるのか？　シュンペーター[1]やアルバート・ハーシュマン[2]の著作の何十年も前に書かれたにもかかわらず、彼らと同じ問題が、タルド『経済心理学』の冒頭の驚くべき数ページにおいて立てられている。タルドは「アダム・スミス問題」と呼ぶのが適当なことがらに取り組み、いつも彼がするように、まったくオリジナルな回答を与えている。この問題は次のように知られている。すなわち、『国富論』の著者が同時に『道徳感情論』の著者でもあることを、二つの著作のあいだにまったくつながりをつけずにいかにして説明するのか、と

（1）Joseph A. SCHUMPETER（1954）, *Histoire de l'analyse économique*（*tome 1: L'Âge des fondateurs ; tome 2: L'Âge classique*）, Gallimard, Paris, 2004.〔ヨゼフ・アロイス・シュンペーター『経済分析の歴史』全三巻（東畑精一・福岡正夫訳、岩波書店、二〇〇五／二〇〇六年）〕

（2）Albert. O. HIRSHMANN, *Les Passions et les intérêts : Justifications politiques du capitalisme avant son apogée*,（traduction Pierre Andler）, PUF, Paris, 2005.〔アルバート・O・ハーシュマン『情念の政治経済学（新装版）』（佐々木毅・旦祐介訳、法政大学出版局、二〇一四年）〕

いう問題である。「彼のなかで、研究の二つの領域を分ける、ほとんど完全に越えられない壁があるといえるだろう」(PE-1, p. 132)。タルドは、すべての経済史家と同様に、次のことに驚く。

驚くべきことに、いずれにせよ、スミスの経済学の書物のなかで心理学の果たす役割はとても弱く、そして集合心理学が完全に欠如している。しかしながら、彼、スミスこそが、間‐精神的心理学の源泉であり基礎である共感を研究した最初の人物なのである。人間の経済的関係を説明するために、一方から他方への感受性の相互刺激をめぐる自らの細やかな指摘を、用いる必要性があるとも機会があるともスミスがまったく感じなかったのはどうしてだろうか？ (PE-1, p. 135)

このとき、スミスにとって存在することが明白であったはずなのに示そうとしなかったこの欠如、この大文字の他者とは、いったい何者なのだろうか？　タルドの回答は、神学的なものであった。

ここからわかるのは、人間の出来事が織りなす織物の背後に神の御業を、そして人間のあらゆる狂気の背後に神の賢明さを喜んでみようとしている人物は、エゴイスムそのものや自己愛に対して、社会的調和を織り上げ確固たるものとするための聖なる卓越した役割が与えられているとみなすのに、ほとんど苦痛を感じるはずがないことである。同様に、彼が政治経済学をこの原理に基礎づけ、ホモ・エコノミクスをはっきりと、一切の情と献身を抽象して理解された利益に還元したとき、それは彼にとって、快楽主義的で物質的な構想の結果ではまったくなく、むしろ反対に、彼の信仰心と神への信とに自然につらなっていたのである。利己主義的な人間の背後には、慈善の神が存在していたのであり、人間の利己主義の賛美は、実のところ、散文で書かれた、神の無限の善良さの讃歌にほかならなかったのである。（PE-1, p. 137）

前に彼が語っていた「協力者の見えない一団」のなかには、**神**が付け加えられなければならない。ここにあるのは、経済学的人類学＝人間学であり、それもそのもっとも深いものだ。だがそれは、人間の心の評価と国富を可能にする計算とのあいだの結びつきが修復されることを条件とした場合にだけ、実践することができる人類学＝人間学である。

〔それによれば〕エゴイズムは聖なるものであり、神聖化されている。神を取り除いてしまうと、すべてが崩壊してしまうというのだ！

しかし、われわれの時代のスミスの後継者たちは、無神論者である。そこから幾人かを除こう。とくに、バスティアはその『経済的調和』を、摂理の構想そのものに基礎づけていた。あるいは少なくとも、彼らが神を信じているとしても、彼らの思索はこの信念にまったく沿っていない。摂理の観念を追放したあとでも政治経済学を人間の純粋な利己主義という前提とその利益の闘争とに基礎づけ続けることによって、彼らが、それと気づくことなく体系の要石を取り除き、そのかつての見かけ上の強固さを失わせた。より好ましい言い方でいえば、彼らは風景から空を取り除いて理解不可能なものにした。あるいは、ランプの灯りを消してしまい、もはや何も照らさず、何も明らかにしないようにしたのだ。（PE-1, p. 137）

経済学という「体系」の「要」が、神だというのだ！　タルドの意図を誤解しないようにしよう。彼は、ジョゼフ・ド・メーストルやルイ・ド・ボナールといった真に反動的な一九世紀の思想家たちのように、神の摂理に再び身を委ねようと要求しているのではまったくない！　彼の主張ははるかに皮肉なもので、彼はとても深くまで進み、科学的なうぬぼれのすべてに対して残酷にかみついている。スミス以降の経済の無神論者たちは、お遊びの無神論者でしかない。それまで、経済に関するものと道徳に関するものという二つの著作の関係の調整を委ねられていたスミスの神を、その神学的・神権政治的機能をまったく残したままで、彼らは取り除いたふりをしているというのである。彼らは、現象の二つの領域のあいだに越えられない壁をおくことで満足した。その手は見えなくなるのかもしれないが、それでもつねに**全能**の手であり、経済学の「お告げ」に対し、不平をいわせずにわれわれを従わせることのできる唯一のものである。そのずるさはものすごいものがあるが、もっとも驚くべきは、それは二世紀前から機能してきたのに、現在でもほとんど露見していないことである。抹消され、否定され、拒絶された神は、いまだに、調和の自動的な達成を調整している。(3)

(3) さらに、ピエール・ソニゴによれば、あまりダーウィニズム的ではない分子生物学においても、形態へのいつもの訴えによって、同じ神が否定されるのを見出すことができる。Pierre SONIGO, Isabelle STENGERS, *L'Évolution*, EDP Sciences, Les Ulis, 2003.〔進化〕

タルドが経済学者たちに要求しているのは、ほんの少しの率直さである。あなた方がその最適性、調和、自然法則を、そして硬直した鉄則を、本当に宗教的かつ摂理的なものにしたいのなら、それは、神への愛のためだというべきだ！　と彼はいうのである。しかし、ポランニーの表現を用いるならこの「世俗的宗教」の背後で、真に経済学を世俗化できたふりをしてはいけない。いいかえれば、経済学は、それをやがて唯物論的かつ無神論的にするための考え方を、いまだ探し続けているのである。タルドにとって、近代経済学のすべてが、超越性と神聖性の刻印を刻まれている。ニーチェが学問について、「どうしてわれわれも、いまだ敬虔なのか？」と適切にも自問したように。

来るべき社会主義のありがちな過ち

こういうと、〔政治経済学の〕客観性についての空疎な主張の背後に隠された搾取を明らかにしようとしていたし、なにより、経済のなかに政治を取り戻そうとしていた社会主義諸派が、同時代に存在していた——そしてより力強いものであったと反論されることだろう。ところで、タルドはこれらの学説についてよく知っていた。彼は社会問題に情熱を傾けていた。ダーウィンを読むときと同じくらい注意深くマルクスを読んでいた。しかしながら彼は、マルクスの学説の普及を、マルサスやスペンサーの観念の普及と別のものとして取り扱おうとはしなかった。それらがイデオロギーの煙幕の向こうにある議論不要の事実の存在を明らかにしたとは、一度も考えなかったのである。この意味で、真の科学を隠すまたは転倒させるとされるイデオロギーの観念ほど、タルドにとって縁遠いものはない。マルクス主義が普及しているとしたら、それは、他のあらゆる形態の模倣放射と同じメカニズムによってなのである。

非常に多様な職業の労働者たちが団結するとしたら、それは有名な「階級闘争」の観点によってだけである。同じような団結が生じるとき、それはいつも、組合の労働者たちの自主性と心をつかむ宣伝活動によるものであり、とくにこの布教にうってつけなのが活版印刷工のような労働者である。多数の個人的な影響と暗示によって一つひとつ乗り越えられていった多くの抵抗の後で、繰り返される会議は、攻撃的かつ防衛的な同盟へと至る。(PE-2, p. 141)

「階級闘争」は、「純粋で完全な市場」と同様に、モノとしての経済の基礎を担っているのではなく、学問としての経済学の可能な一つのバージョンである。純粋で完全な市場が学術雑誌や新聞を必要としているように、階級闘争も「繰り返される会議」と「宣伝活動」を必要としている。いつものように、タルドはその一つひとつの結びつき、一人ひとりの個人を説得していく、点から点へのつながりの外へとすぐに跳び出さないように勧めている。この点から彼は、マルクス主義に対する一般的かつ最終的な診断を下している。タルドは、マルクスを、経済学者たちの表を裏にした転倒について問題にすることはなかったけれども、情熱＝情念に関するイノベーションをおこなった人物として評価した。

社会主義諸派は、一八四八年のフランスの学派と同様、現在のドイツの学派でも、政治経済学の氷を溶かし、情熱的なものにした。それらは新たな心理学的要素を政治経済学に導入したのだが、基本的な観念はまったく変わらなかった。ただ、それらの学説に着想を与えた情熱＝情念はしばしば変化した。そして、その情熱＝情念を構成するのは寛大さと憎しみの組み合わせであり、二つのあいだの比率は逆転する。フランスにおいては、憎しみよりも寛大さが勝っていた。ドイツにおいては、寛大さよりも憎しみが勝っていた。ルルーあるいはプルードンと、カール・マルクスとを比較してみよ。この強い感情に突き動かされることで、その経済学理論は生彩ある生き生きとしたものとなったのだが、結局のところ、それらは、客観性と、物理法則とどことなく似た厳密な公式の幾何学的な演繹法への古い自負を保ち続け、強調しさえしたのである。(PE-I, p. 140)

マルクス主義者は、古い弁証法と、「万物の母」としての戦争を好むメフィストフェレス的な趣味、そして指導、構造、計画、歴史法則といった観念を保ち続けた。結局のところ、ある超越性が別の超越性に置き換えられたのである。つまり、情熱=情念の獲得は大きいが、内在性の獲得はゼロである。調和の神、富《マモン》、悪魔はつねに崇拝されている。したがって、タルドの目からみれば、マルクス主義は、両世界で最悪のもの、つまり、情熱=情念の増大と、客観性への自負の増大をもたらしている。言い換えれば、彼のおかげで、われわれは、科学の名においてさらに画一化された尺度を憎むようになっているのである! ネオリベラリズムによって正当化された罪に、弁証法的唯物論の名において犯された罪も付け加えることができる。一九〇二年の時点で? そう悪くはないと認めよう。

だが指摘しておきたいのは、タルドの議論のなかに、懐古趣味はないし、反動的、あるいは単純に防衛的なものなどまったくない。彼は、社会主義が経済学的情熱＝情念の本質を革新できたことに魅力を感じている。したがって、彼が懸念していたのは、方向性をおおむね容認している社会主義そのものではなかった。生産を組織化することの、技術的かつ準－会計的な観点からの困難さであった。

労働の組織化についての社会主義的観点は、政治的観点と経済学的観点の二つの観点について、後者を前者に吸収することによって一つに融合させたものとみなすことができる。社会主義のオリジナリティは、一つの国民へと統合された人類が追求しうるような、ひじょうに少数の集合的目的、国民的栄光、戦争、征服、領土防衛といったものに、その努力にふさわしい大きな目的の一つとして、労働の意識的かつ体系的な組織化を追加したことにある。ただし、この目的が実現したら、すでに知られたニーズの連鎖のなかに挿入するべき新たなニーズ、その結果として新たな産業をより困難にするだろうということを除けば、である。労働は、組織化されることによって、自らを硬直化してしまうのである。(PE-I, p. 161)

社会主義、とくにそのマルクス主義へのタルドの疑念は、おわかりのように、ある種の道徳的・政治的嫌悪に基づいているのではない。彼は、その同時代人たちがおこなっていた異論をすべて飛び越えて、社会主義にチャンスを与え、理論全体の中心点である「モノとしての経済は、学問としての経済学によって、予測可能なものになりうるのか[4]」という点を巧みに指摘した。思い出してほしいのだが、タルドにとっては、下部構造も、自動装

（4）意図せずにタルドをそのあとに続く数十年の当時の先駆者にとしてしまうために、彼の直観を読むときに、どうしても、経済学のモデルが提案する科学的計算の可能性をめぐって争いあう、オスカル・ランゲとフリードリヒ・ハイエク以来の経済学者のコミュニティを揺るがしてきた論争〔社会主義経済計算論争のこと〕、それに続くパレート主義経済学者とオーストリアの経済学者のあいだでの最初の対決のことを考えずにはいられない。ランゲとハイエクが争っていたのは、タルドをして社会主義に直面することをためらわせた点であった。つまり、社会主義の可能性は、需給を均衡させうる交換価格についての、国家の計算能力にあるのだという点について両者は争っていた。ランゲがこの能力にかけた希望に対峙したとき、ハイエクは、経済という存在を使いつくすことの不可能性と、価格決定を中央集権化することの不可能性を指摘した。国家は個人と異なるものではなく、それらも経済の関連する事実を集める作用に参加している〔というのである〕。だがタルドは、ダーウィンの戯画的な読解による生存競争の単純化という、とても一般的でもあるハイエクの間違いを犯さない。タルドにとって、社会の二つの形態、自然も、社会世界も、単純化しなければならないものは何もないのである。

置も、調和も、自然法則も、発展法則も存在しない。すべては、学問としての経済学を育み、そして計量学的連鎖を多少とも遠くへと広げる測定装置によって、増幅され、単純化され、収集され、組み立てられた人為性＝人工物と発明に基づいている。測定装置の普及によってのみ、社会的なものは、反省性＝再帰性の力強い働きを通じて数量化可能かつ予見可能なものになるのである。ところで、学問としての経済学は、自らを数学化することで多くのことができるが、それは、つねにそこから四方八方へとあふれ出る、モノとしての経済を公式化することしかできない。「未来の発明、それは、あらゆる計算の危険な障害物であり、あらゆる予言に立ちはだかる予想外のものである」（PE-I, p. 166-167）。

結局のところ［労働の社会主義的組織化の］問題は、迅速さ、正確さ、完全さにおいて最善の商業統計によっても、他の情報手段によっても、現在では、常に多かれ少なかれ推測に基づいている生産者の予見を、確実に、ほとんど確実なものにすることが決してできないのかどうかを知ることである。それによって危険を冒す必要がなくなっていけばいくほど、結果として、今の危険に対する必要な補償としての資本家の利潤を取り除くことはより不公正でなくなり、より不都合でもなくなるだろう。消費者の需要の本性とその広がり方が、このようにして、生産者によって間違いなく予言されうるようになった日、このとき、まさにこのときだけ、国家は、生産者の地位に身を置くこと、中央集権化と組織化した国民的労働を高度に指導することを真剣に考えることができるだろうし、あるいは少なくとも、労働者たちは資本家の利潤に対する彼らの取り分を要求することができ、その仲間、企業の創設者のような、より知的でより才能に恵まれた、もっとも金額を支払われる仲間そのものとなるだろうが、それはもはや存在しないリスクの割合に応じてではないのである。(PE-I, p. 198)

このことは、われわれが二〇世紀のあいだにおこなってきたことを自問させる……。というのも、けっきょく、この問いは今日においても、過去とまったく同じ強度のまま残っているからである。それだけではない! さらに強度は高まっている。というのも、いまや情念に駆られた利益は途方もなく大きくなり混じりあっているからである。リスクの共有の問題、善となにか、悪とはなにかといった問題、国家による組織化の問題、データの質の問題、趣味と嫌悪とを合致させ協力させるという問題、そして、とくに、無数の多様な愛着と結びついた習慣がもたらす予見可能性の問題、まさにここに、政治経済学の素材があるのだ。ところで、これらの問題を解くための社会主義の能力をタルドが疑っていたのは、記録 l'enrégistrement の力を疑っていたからである……。

> したがって、アプリオリには、これはまったく考えられないことではない。しかし、私はそういわなければならないが、経験を参照するなら、国家による労働の一般的で中央集権的な組織化の夢にとって、あまりに弱すぎる土台しかないように思われるのである。まったく疑いなく、市民全体の欲求が、行進中の軍隊の人びとのような正確さと確実性を伴って予言されうることは、けっしてないだろう。しかしながら、もっとも完全な軍の補給部門でも、戦時にはどれほどの欠陥を示すかを、われわれは知っている。必要とされる補給物品の過剰や不足という苦痛を感じない日はないのである。ましてや、集産主義体制下で、市民の管理を毎日みたすためには、その仕事にはまったく別の複雑さがあるだろう。（PE-1, p. 199）

戦争ほど、乱雑で扱いにくいものはない。戦争の経済学ほど、乱雑で扱いにくいものはない。総動員体制を経済の理想的なモデルとする共産主義ほど、乱雑で扱いにくいものはない。たしかに、タルドも同時代のすべての人びとと同じく、最初の大きなグローバル化の波を告げる協調と永久平和がやってくるという将来の展望では、みごとに裏切られた。しかしながら、一九一七年一〇月が、すぐに、戦争の社会主義を待ち受けているものについての彼の予言を検証する役割を担った。全体主義がやり遂げることが不可能なものが一つあるとしたら、それは、全体化なのである……。

結論　大きな獣を追い払っても、そいつは駆け足で戻ってくる

経済学について不可知論者であることは、たしかに簡単なことではない。スミスも、市場の発明者たちも、社会主義も、いまだそこまで達していない。マウリツィオ・ラッツァラートの著作のタイトル[1]を援用していうと、政治が「発明の力能」として認知されない限り、政治が経済を奪い返すことはないし、したがって、社会主義もないだろう。われわれはもっと先へと進んで、市場の見えざる手の背後にも、国家の見える手の背後にもある、わずかに世俗化された同じ一つのイメージ、つまり社会有機体という、この大きな獣を認識しなければならないのだ。これこそ、経済の素材の根底へと本当に突き詰めたいのなら、

(1) Maurizio LAZZARATO, *Puissances de l'invention*, op.cit.〔発明の力能〕

われわれが取り組まなければならないものである。

経済学におけるタルドのオリジナリティを理解するためには、社会学における彼のオリジナリティをよく把握していなければならない。社会への経済の「埋め込み」という、ポランニーによって一般的なものとなった観念は、あらかじめ社会の実在を前提としている点で、大いに不都合である。このとき、理論的な利得があまり大きなものではありえないことを理解しよう。すなわち、経済主義から経済社会学への移行によって、すでに設置されている一つの構造——下部構造とその法則——を、すでに設置された別の構造——社会とその法則——へと移転させるにすぎない。たしかに、「経済外部的」要素である契約、交換、趣味について、多くのことを学んだが、それは、いわば、ある構造から別の構造へと移動するためだったのである。(2) ところで、タルドによって提案された、モナドの群れのなかでの一切の構造の法則の「退化」は、そのラディカルな結果として、あらゆる構造を解体する。純粋かつ完全な市場の構造はもちろんのこと、デュルケームやその後継者たちのような、(3) 社会学者によって受容されてきた社会的世界の構造も、解体する。社会の解体によって、埋め込みのあらゆるメタファーも消える。経済は、もはや社会的なものというプロクルステスの「ベッド」——埋め込みはイギリス的メタファーである——に寝ているのではない。というのも、もはやベッドは存在しないし、頭を休めるための枕もなければ、天蓋も、羽根布団もないからである……。

『経済心理学』第二巻の決定的な一節のなかで、タルドは、市場による調和の観念と社会の観念とが、なんらかの逆説的なつながりによって、いつでも、結局のところ互いに手を結んでいるのだと示すことによって、自らの社会学的、経済学的、政治学的な思索すべて――これは彼のコレージュ・ド・フランスでの最後の講義であり、その二年後に彼は亡くなった――を、次のようにまとめている。

このように、心理学的な調和によって先行され準備されていない社会的調和、とくに

(2) この点において、タルドの解決策は、ポランニーにインスパイアされてマーク・グラノヴェッターが、その経済社会学をみちびくために提案した妥協と、いかに異なっているかがわかる。Marc GRANOVETTER, « Economic action and social structure: a theory of embeddedness », *American Journal of Sociology* 91 (1985) p. 481-510.〔マーク・グラノヴェッター「付論D 経済活動と社会構造――埋め込みの問題」『転職――ネットワークとキャリアの研究』(渡辺深訳、ミネルヴァ書房、一九九八年)〕

(3) これがタルドとデュルケームのあいだの対立の意味そのものである。この長い対立については、ブリュノ・カルサンティによる、『模倣の法則』への素晴らしい序文を参照のこと。

経済的調和など、一つも存在しないのであり、あらゆる人間と人間のあいだのアソシエーションの起源は、一人の人間の観念のあいだのアソシエーションに見いだされる。この確認された事実の哲学的な意義を指摘するために、少し立ち止まろう。その結果として、間違いなく、社会は有機体ではない。そうだとしたら、社会は、その成員から切り離された実在ではないということになりはしないだろうか？　ここにこそ、明確に回答を求められている一つの問いがある。社会有機体の観念を守り抜くことができるとしたら、社会実在論の表現としてだけ、すなわち、実在するもののいくらかの数としてではなく、実在するものとして受けとられた社会の表現としてだけだというのは、不幸にも真実である。（PE-2, p 219）

全体ノ、アルイハ、全部ノ *Totus aut omnis*？　問題は同じままである。タルドは、そのキャリアのはじめから、社会的実在の型と、それを構成する「実在するもの」の実在の型とを絶対的に区別したいと考えるする人びと――コント、スペンサー、デュルケーム――に対して、異議を唱えてきた。あらゆる社会学者が、実在の二つの水準――ミクロとマクロ――をみようとするのに対して、タルドが、ページごとに、証明のために強調するのは、まさに内側から人間社会を理解した場合には、一つの実在の水準しかないということを私たちは疑いなく知っているということである。集まった結合体のあいだから、社会構造、この精神的なものが、突然出現することなど決してないのだ。

ところで、ある社会集団がいかに親密で調和に満ちていたとしても、その驚くべきメンバーのなかから、彼らを条件とする素晴らしい結果として、たんなる比喩ではなくほんとうに実在する集合的自我が湧き出てくるのを、われわれは一度もみたことがない。おそらく、そのように考えられる社会集団には、つねに、その集団全体を代表し体現するような一人のメンバーがいるか、あるいは、それぞれがその特定の側面から、劣らず集団全体を個人として表現しているようなごく少数のメンバー（たとえば国家における大臣たち）がいるのだ。しかし、この指導者あるいは指導者たちもまた、つねに集団の一員であり、彼ら自身の父母から生まれたのであって、その臣民や行政区住民のグループから生まれたのではない[4]。

（4）タルド『モナド論と社会学』（p.68＝一七七頁）

社会理論におけるロバの橋〔かんたんな問題〕*pons asinorum* から一〇〇年経過しているにもかかわらず、ここでの問題は明らかに、全体主義《ホーリズム》と個人主義とを対立させることではない。これまでみてきたように、タルドにおいては、個人も社会もない。社会的なものの構成の問題に対して、「社会実在論」という、もっとも非現実的な解決とは異なる解決をみつけなければならないのに、われわれは一〇〇年経っても、個人と社会のあいだに前提とされる対立をいまだ引きずり続けている[5]。

ところで、この概念の最良の支えは、「自然法則」の発見かもしれないのではないか？というのも、それはすべての個人的意志から独立していて、あらかじめ描かれた経路を通じて、ますます完全になっていく政治的、道徳的、経済的組織化へと個人を導くものだからである。したがって、自由放任主義《レッセ・フェール》の学説は、社会有機体説と非常に強い親和性を有しており、そのため、一方に対して向けられた打撃は、その余波でもう一方も傷つける。社会の自生的な調和化を信じる理由があるとしたら、それと同じ理由によって、社会を、動植物とおなじ資格における実在として扱うだろう。だが、じっさい、摂理による予定説というこの幻想は、経済学的な観点においてさえ、ますます消えていっているとはいいがたいのではないか？　政治的観点についていえば、諸国民が、適切なときに一人の政治家の強い手を見いだせるかどうかに応じて、上下動し、強くまたは弱くなるのをみるためには、目を見開くだけでよい。そして、目に見える指揮者なしに人民を操縦する、指導のためのかの天性の感覚を信じることは、もはや許容されなくなった。（PE-2, p. 219-220）

経済統制と自由放任、社会主義とネオリベラリズムを対立させる、巨人族と神々の争い《ギガントマキア》の両側には、社会学での同じ原理——「有機体」の観念——があり、経済学での同じ原理——「摂理による予定」の観念——、道徳での同じ観念——「社会の自生的な調和への信」——がある。だが、他にどのようにすればよいのか？　どうやってこの「魅力的な過ち」から逃れられるのか？

（5）この問題については、ラトゥール『社会的なものを組み直す』〔前掲〕を参照のこと。

しかしながら、長いあいだ魅力的だった［社会有機体説という］この過ちを放棄することは、社会的全体に固有な実在性のすべてを否定し、それを集合した個人の単純な合計、数字的な表現としてみなすようわれわれを導くのだろうか？　いや、そうではない。指摘した意味での自然法則と、同様にその最新の形態である進化の公式を認めるのをわれわれは拒否するとしても、あらゆる個人において、観念の論理的協力への、そして行為の最終的な協力への多かれ少なかれ生き生きとした欲求があることを、われわれは認めている。この欲求は、個人の接近によって活性化するし、あらゆるカテゴリーの社会的事実において論理と目的性の増大に向けた一般的な傾向となるし、そして、いたるところで無秩序から秩序をつくることによって、世界のカオスを解きほぐすことで終わるのである。（PE-2, p. 220）

「世界のカオスを解きほぐすこと」、まさにここに、情念に駆られた利益に対して提案できる目的がある。調和も、自然法則も、同時代に大衆化した弁証法的唯物論の公式のような「進化の公式」も、来るべき革命もない。だが、それは、ポストモダンの快い期待を通じて、全体性と目的性の観念を廃棄すべきだということを意味しているのではない。タルドにとって、「社会的全体」はたしかに存在するが、彼の同時代人全員とは——われわれの同時代人全員とも——区別されるものである。それは、彼の著作に手つかずの新しさを与えているものだ。すなわち、この社会的全体は、発明によって、人為性によって、作られるべきものだ、ということである。それはわれわれの背後にあるのではなく、われわれの前にある。その目的論 finalisme は、超越的かつ外的なのではなく、内在的かつ内的であり、「世界のカオスを解きほぐす」という条件において、個人とその観念、その情念が接近し接続するのと同じやり方によって、単純に「生き生き」とし、「より論理的」なものになる。一つの世界になること、言い換えれば、それは他とのあいだにある一つの可能性である。それは不可避的なものではまったくない。それゆえ、生じることができず、不発におわることもありうる。カオスがそれを溶かして失わせることもありうるのだ。そしてタルドは、次のような信仰告白による勇気ある一節を結論とする。

社会という列車 train social を唯一の、いつも同じ道に沿うよう従属させる摂理的調和もしくは単線的進化とは異なるこのやり方は、それをもっとずっと自由にさせたままにする。そしてそれによって、社会的実在を否定するほうへではなく、まったく別の仕方で、生き生きとした本物として、まったく別の仕方で、表出においては豊かな、予見し得ない道を進むものとして理解するほうへと導かれる。異なる多くの問題に対して解答を提供する代数の公式と、一つの問題に対してだけ、一つの回答を適用するにすぎない算数の方程式とでは、まったく別物なのだ。私も実在論者である。社会が、われわれの目において、同様にわれわれの敵の目において、個人のうちに含まれる潜在性を現実化させるという意味においてはそうである。それらは、孤立した個人一人ひとりでは現実化できなかったものだろう。だが、この潜在性とは個人の観念であり意志であると私はいう。この潜在性が存在論的な雲の中にあるのではないとしたら、私は、それらをどこにも位置しないとするのではなく、脳内に位置づける。そして、この潜在性は、厳密に決定された数、あるいは事前に決定された数に制限されているという代わりに、その霊的源泉と同様、無数の、無尽蔵のものであると、私であればいうのである。（PE-2, p. 220-221）

「政治経済学」という表現は、社会と市場という二つの摂理を統合させるか対決させるかによって意味が変わってくる。あるいは、社会と市場の摂理も含め、あらかじめわれわれの実在を保証する役割をもつすべての摂理を否定するかどうかによって、意味が変わってくることを理解しなければならない。というのも、このとき、最終的に「実在論者」であるためには、「単線的進化」を強いるものではなく、「存在論的な雲」から解放され、「社会という列車」を「自由」にさせたままにする、まったく別の歴史を継承することに同意しなければならない。われわれがここで扱っているのは魅力ある熱狂であって、私たちがそのいずれにもコミットしていないのではないかと反論されるかもしれない。しかしながら、タルドが刷新しようとしているのはたしかに経済科学であり、彼の描く決定から自由への移行を、「算数」から「代数学」への移行と描き出したのとおなじように、最大の真剣さをもって受け止めなければならないことに注意してほしい。いかなるときも、タルドは冷たい経済と熱い主観性とのあいだで選択を迫ることは一切なかった。反対に、自由なままの情念に駆られた利益こそ、より多くの数量化、つまりはより多くの社会的つながり、「世界のカオスを解きほぐすこと」をもたらすと期待しているのである。

訳者解説

情念が数値化されゆく時代の経済科学にむけて

中倉　智徳

1　はじめに

本書は、Bruno Latour & Vincent Antonin Lépinay, *L'économie, science des intérêts passonnés: Introduction à l'anthropologie économique de Gabriel Tarde.*（La Découverte, 2008）の全訳である。本書の元となった文章は、ガブリエル・タルド（Gabriel Tarde, 1843-1904）の著作『経済心理学 *La Psychologie économique* 』（Alcan, 1902）の再刊時の解説用序文として書かれていた。だが著者たちが冒頭で述べているとおり、『経済心理学』がもともと二巻で一〇〇〇ページを超える大部であること、デジタルデータで読めるようになったことなどから、ラトゥールらの序文だけが刊行されるかたちとなった。

このような少し奇妙な経緯で刊行された本書だが、タルドの『経済心理学』の短いが示唆に富む解説として、また、リーマンショックという世界的金融危機の直後、現存の資本主義への疑念が深まっていくなかで、心理的なものに基礎づけられた経済についての科学を提唱していることもあって、広く読まれた。二〇〇八年にフランス語で刊行された後、二〇〇九年に著者たちによって英訳されたほか、スペイン語(二〇〇九年)、ドイツ語(二〇一〇年)、中国語(二〇一七年)にも訳されている。一〇年以上経ったこの著作も、一〇〇年以上経っているタルド『経済心理学』も、情報化と金融化が進むなかで、ますますその重要性が高まっている。この解説では、著者紹介と、この著作が書かれることになった背景について紹介し、その後に内容について論じる。本書の内容についての解説を先に読みたいという方は、4節まで飛ばして読んでみてほしい。

2　著者紹介

著者の一人であるブリュノ・ラトゥールについては、アクター・ネットワーク理論(ANT)の提唱者の一人、現代人類学の代表的人物、さらにはニュー・マテリアリズムに影響を与える思想家の一人として、すでによく知られているだろう。日本でも『科学が作られているとき』(川崎勝・高田紀代志訳、産業図書、一九九九年)、『科学論の実在』(川崎勝・平川秀幸訳、産業図書、二〇〇七年)、『虚構の「近代」』(川村久美子訳、新評論、二〇〇八年)、『法が作られているとき』(堀口真司訳、水声社、二〇一七年)、『近代の〈物神事実〉崇拝について』(荒金直人訳、以文社、二〇一七年)、『社会的なものを組み直す――アクターネットワーク理論入門』(伊藤嘉高訳、法政大学出版局、二〇一九年)など、多数の翻訳が刊行されている。ラトゥールについて詳しく知りたい方は、コンパクトな解説書である久保明教『ブルーノ・ラトゥールの取説』(月曜社、二〇一九年)を参照していただきたい。

もう一人のヴァンサン・アントナン・レピネについては、日本ではそれほど知られていないだろう。彼は、投資銀行での勤務経験をもち、パリ国立高等鉱業学校で人類学博士、コロンビア大学で社会学博士を取得している。その経歴を生かして、フランスの投資銀行をフィールドにして、いかにして新たな金融商品がつくられるのかを描いた『金融のコード *Code of Finance*』(Princeton University Press, 2011 未邦訳）を刊行している。これはリーマンショック以前の調査に基づいているが、その引き金となった金融商品について取り扱っている。この著作はコロンビア大学に提出した博士論文がもととなっている。その謝辞の冒頭には、パリで指導を受けていたのであろうミシェル・カロンとラトゥールの名前が挙げられている。本書がラトゥールとレピネの二人の共著として書かれた背景には、このような彼の経歴や研究、ラトゥールとの関係性があったのだろう。

この研究を含め、レピネは、金融市場や証券会社をフィールドとする「金融社会論 social studies of finance」のなかで参照されている。デリバティブ取引が登場し、圧倒的に多くなったことで大きく変貌した、一九七〇年代以降の金融市場の分析をおこなっている点で注目に値する。また、サンクトペテルブルクの欧州大学（European University at Saint Petersburg : EUSP）での教育経験を活かして、近年では、エルミタージュ美術館のキュレーターを務めたり、ポストソビエト時代におけるコンピューター科学の専門家に関する研究などを発表している。

3　本書の背景

ところで、彼らはなぜ、いまタルドの『経済心理学』の解説を書いたのだろうか。本書が序文となるはずであった『経済心理学』は、一九世紀末から二〇世紀初めに活躍した、フランスの社会学者であるガブリエル・タルドの著作であった。タルドは社会学では模倣説を唱え、「社会学の創設者」の一人であるエミール・デュルケームとの論争のあと、「忘れられた社会学者」として位置づけられてきた人物であった。さらにその『経済心理学』は、没後に若干の研究書があったものの、それ以降ほとんど一〇〇年間読まれてこなかった著作であった。なぜいま、このような解説を書いて再刊しようとしているのか。それを理解するためには、「タルド・ルネサンス」について触れておく必要がある。

フランス現代思想を代表する哲学者であるジル・ドゥルーズを経由して、タルドの独自の「差異の哲学」に注目が集まった。その後、ドゥルーズに影響を受けた者たちによって、タルド著作集が一九九九年から刊行された。これはタルドの主著として知られる『模倣の法則』（池田祥英・村澤真保呂訳、河出書房新社、二〇一六年）も含んでいるが、とくに注目されたのが、タルドの『モナド論と社会学』の再刊であった。この著作は、タルドの差異の哲学、そして新モナド論が語られている著作であった。ラトゥールも『モナド論と社会学』（村澤真保呂・信友建志訳、河出書房新社、二〇〇八年）を読んで衝撃を受け、タルドを自らのアクター・ネットワーク理論の先駆としての位置づける論文「ガブリエル・タルドと社会的なものの終焉」（村澤真保呂訳、『VOL』五号、以文社、二〇一一年）を書いている。

この論文以降、ラトゥールはタルドを自らの立場の先駆として、頻繁に取り上げるようになる。とくに『社会的なものを組み直す』（前掲書）のなかでは、デュルケームと対比させつつ、タルドからはじまり自らへとつらなるアソシエーションの社会学の系譜があると描きだした。

また、エドゥアルド・ヴィヴェイロス・デ・カストロなど、ドゥルーズに影響をうけた現代の人類学者たちによっても、タルドが取り上げられたことで、人類学でのタルド受容が盛り上がりを見せていく。二〇〇八年には、マテイ・カンデアを中心に、ケンブリッジ大学の人文社会科学研究所（CRASSH）主催でタルドとデュルケームについての大規模な国際会議（Tarde/Durkheim: Trajectories of the Social）が開催された。初日の夜にはラトゥールがタルド役、そしてブリュノ・カルサンティがデュルケーム役を演じてタルドとデュルケームの直接対決が再現された（この様子は、今でもYouTubeなど動画サイト上で見ることができる）。翌日に登場したラトゥールは、「タルドのシャーマン」と紹介されていた。この国際会議の発表内容をもとにして、カンデアを編者として『ガブリエル・タルド以後の社会的なもの　*The Social After Gabriel Tarde*』（Routledge, 2010 未邦訳）が刊行された。同書は改定された第二版が二〇一六年に刊行されている。

このように盛り上がっていった人類学でのタルド受容は、方法論としての活用へとつながっていった。日本でも森田敦郎によってANTとタルドのモナド論が接続されるかたちで論じられた。また、ロンドン大学ゴールドスミス校の人類学講師であるイザーク・マレロ・ギラモン（Isaac Marrero Guillamón）によって、社会運動の分析としてANTとネオモナドロジーが活用された。また、本書やその後のラトゥールの論文によって、ツイッターなどの質‐量的なデータ（いわゆるビッグデータ）の分析へのタルドの方法論の適用可能性が論じられた。じっさいに、ロシアのエージェントがどのように二〇一六年のアメリカ大統領選に影響を与えたのかについて分析するさいの、理論的バックボーンとしてタルドが用いられているなど、哲学・思想からはじまった「タルド・ルネッサンス」が、人類学を経由して社会学へと再移入され、具体的な方法論として根付きはじめている印象をうける。本書は、その転換点となった著作の一つといってよいだろう。

また、「市場の人類学」や「金融社会論」からみても、注目すべき著作である。本書では、タルドの経済心理学は、その先駆として位置づけられるものとなっていることに注意しておきたい。この分野でも、アクター・ネットワーク理論が重要であり、ラトゥールと同じくその提唱者の一人とされるミシェル・カロンが、その出発点の一つになっている。金融の現場へのフィールドワークは、その重要性からしてもっとなされてよいはずであるが、それを実践している研究分野でもある。本書でも幾度か参照されているドナルド・マッケンジーが、本書以降に刊行した著作『金融市場の社会学』（岡本紀明訳、流通経済大学出版会、二〇一三年）では、じっさいの金融市場のアクターである証券会社のトレーダーたちが、計算装置やほかのトレーダーとのやり取りを通じて、いかに価格決定を「事実」として、「モノ」として作り上げていくのか、その過程が描かれている。金融関連の企業や団体に働いている人びと、例えばトレーダーたちが、いかにしてほかのトレーダーたちとのやりとりのなかで、彼らをとり囲むシステムの示す数値の解釈を確認しあい、影響を与えあいながら、価格決定や指標を決定しているのかを明らかにしている。たとえば、大量の金銭が動く取引には相当なプレッシャー・ストレスがかかるため、励ましあったり、意志決定は間違っていないと確認しあったりするという。金融市場のまさに現場において、このような心理と数値が、情念と利益とが交錯しているということが、フィールドワークに基づいて明らかにされつつあるのである。

ここで、本書を『情念の経済学』と訳した理由についても書いておきたい。本書の原題は、直訳すれば『情念的利益の科学としての経済学――ガブリエル・タルドの経済人類学入門』とも訳されるだろう。これではわかりにくいため、検討のうえ、『情念の経済学――タルド経済心理学入門』とした。原題であえて経済人類学と書かれているのは、このような研究動向が意識されているからだろう。

また、翻訳にあたっては仏語版と英語版を参照しているが、passionné / passionate は、いずれも情熱的と訳されることのおおい単語だろう。ラトゥール自身、冷たい合理性、熱い情念《パッション》＝情熱といった「温度」のメタファーを用いてもいる。しかし、この言葉の名詞形である passion / passion について、アダム・スミス以前の経済学者が、情念《パッション》と利益《インタレスト》のあいだでどう折り合いをつけるべきかといった議論を展開していたことは、本書でも参照されているアルバート・ハーシュマンの『情念の政治経済学』（佐々木毅訳、法政大学出版局、二〇一四年）でも論じられていたことである。『経済心理学』でのタルド自身の passionné の用法も、この意味での情念に近い。また、本書では、経済的利益以外のさまざまな動機の重要性を強調している。人間の行動の動機となりうる栄光や権威、美的洗練などは、これまで情念と語られてきたものに近いだろう。以上から、情念という訳語を選択した。本書では、原題にもでてくる intérêts passionnés を、

「情念に駆られた利益」と訳出している。これは、（フーリエの情念引力をイメージして）情念利益とも訳せるし、情熱的利益とも、情熱的関心とも訳せる用語だろうが、ここでは、ハーシュマンの著作の訳語に出てくる利益に駆られた情念 passion of interest を逆にしたかたちで訳出した。人間の動機を利益に還元しないかたちで、もっと無数の数量化可能な価値がありうるという理解のもとで経済学を拡張させた、新たな経済心理学を構想しようというのが、タルドとラトゥールの提案なのである。

4　本書の内容について

本書の内容について触れておこう。全体として、本書はタルドを過去のものとしてではなく、未来を読み解くためのものとして活用することを目指して書かれている。

第一章は、経済学での数量というのは、心理学的なものであるという議論からはじまる。一般的に、経済学での量といえば、商品の数と価格や、市場に参加する消費者と生産者の数など、目に見える客観的な数量のことであったはずだが、そうではないという。

身近な例を挙げよう。われわれは、いまや誰でも、商品や飲食店、イベント、人物、情報の信頼性などについて、他者のレビューを参照することによって、商品などの対象について、主観的な価値が集合的に数値化されていることを知っており、日々参考にしている。

もちろんこれらの主観的な評価による数値は、誤解なども含みうるし、過剰な賞賛などもありうることも明らかであるし、われわれ自身も、そのような偏りもありうることも念頭に置きながら、それでも参照している。レビューや書き込みをみることで、他者からの影響の線がさまざまにまじりあいながら、自分でもすべてを把握しきれない微妙な仕方で、優劣や価値判断をつけている。つまり、「目に見える、便利な」形のレビューとその数値を参考としながら、じっさいにはラトゥールのいう「別の精妙な秤」によって、どれがいいかわれわれは常に選択し続けている。

このような心理的な評価の数値化が技術的にはまったく不可能であった一九世紀において、タルドは心理学的な量に基づいた経済学として、自らの経済心理学を構想していた。当時は空想でしかなかったが、現在においては、心理学的な量としての価値についても、集合的レビューや、検索結果の順位付けなどを通じて数値化され、その数量的な性格がはっきりしつつある。SNS上での「いいね」の数やリツイートの数、動画の再生回数なども含め、集合的かつ主観的な評価が数値として即座にわかるようになり、そのことが金銭的価値と結びつくような時代になっている。実際には、どの程度の注目をあつめればどの程度の金銭的価値になるのかもある程度定められつつある。たとえば動画再生回数などにおいては相場やアルゴリズムが作られているし、ウェブページの作成や、どうすれば検索結果の上位に来るかどうかといった点も、まさに経済として動いている。これらの指標によって、心理学的な量が、まがりなりにも科学的な対象としてある程度の精度をもって数量化されうる状況が出現しつつある。このような時代においてこそ、本書の議論は重要性を増す。客観的な事実のみに注目するのではなく、人間のさまざまな動機、心理を基礎として経済心理学を構想しなければならないとするタルドの主張であり、ラトゥールが取り出し、現代に応用しようとかんがえている重要な点である。

第二章では、これまでの経済学において定式化されてきたものと、そこから零れ落ちるもの、その双方を組み込んだ社会科学がどうすれば可能か、という課題が提示され、それにこたえるかたちで進められる。

新古典派経済学による経済の動きを把握するための基本的な区分として、生産・分配・流通・消費という区分がある。これによって、商品の生産量（供給）・消費量（需要）の増減を把握できる。だが、もっともタルドがとらえたかった変化は、このような量的な変化、つまり同じ富の蓄積、再生産ではない。むしろ、新しい商品や価値観を生み出す変化であった。そしてタルドによれば、そのような質的な変化をもたらすのは、発明やイノベーションである。だが、発明をふくむ新たな種を生み出すダイナミズムは、前述の経済学の区分において零れ落ちていたものであった。商品の生産・分配・流通・消費をみる前に、まずはそれが発明されたこと、そして発明されたものが、どうやって他のものとうまく適応し、対立しあって淘汰するのかといった動きを把握しうる学を、タルドは求めていたのである。

このような観点から、タルドが導入する区分は、反復・対立・適応という、変化についての進化論的なフレームワークである。彼によれば、前述の経済学の区分は、反復の局面しかとらえられていなかったが、発明による新種の登場や、その淘汰を論じなければならない、というのである。

この区分は、保持・淘汰・変異によって生物の進化を理解しようとする、ダーウィニズム的な進化論に近いが、強調点が異なっている。ダーウィニズムの通俗的な理解では、自然淘汰の重要性が強調されるし、それを社会にあてはめようとして、適者生存、弱者淘汰こそが進化に役立つといった、社会ダーウィニズムの議論に近づいてしまう場合もある。だが、タルドにとって、対立や淘汰は、変異と反復のあいだにある中間的な状況以上でも以下でもない。ここで重要なのは、競争でなく、発明による変異である。この変異のほうが、競争よりも重要だとタルドはいう。このことは、経済学が競争を重視する背景にある、ダーウィニズムにおいて淘汰を新種の原因とする議論への批判でもある。

また発明を、資本である、それも、最も重要な資本であると特徴づけているところに、本書の特徴がある。資金や労働力、土地といった「物質資本」よりも、発明やアイディアのほうが重要な資本であるという。「新たな機関車の生産のために必要な唯一のものとは、機関車の部品についての詳細な知識、機関車をつくるための原材料を抽出する仕方についての知識、それらを製造するやり方についての知識である」（本書八六頁）といったタルドの指摘は、現代においてより理解できるものだろう。

そして、発明とならんで重要なものとして指摘されているのが、信用（クレジット）である。もちろん、信用が一方的になり、支配関係になってしまえば、それは権力的になり、人びとの行為を規制していくものとなりうるだろう。タルドにおいても、貸し借りが権力関係のはじまりとなりうることが論じられていたことも、指摘しておく必要があるだろう。現代人類学において、ラトゥールとはまた別の仕方で経済学を根底から揺さぶるような思考を切り開き、世界にきわめて大きなインパクトを与え、そして残念ながら急逝してしまったデヴィッド・グレーバーが『負債論』（酒井隆史監訳、高祖岩三郎・佐々木夏子訳、以文社、二〇一六年）で示していたように、貸し借りには善用されてきた側面と、人命や肉体を奪いかねないほどの側面がありうる。

ここでの信用は、借金を作り出すことで人びとを支配するための手段として取り扱われているのではない。発明も信用も、ばらばらのものを集める力がある、という肯定的な側面から論じられている。アイディアという必須の資本だけをもっている人物が、多くの人に呼びかけ、多数の人から物質的資本としての資金があつまり、そのアイディアが実現する。こんな事態について、われわれは、クラウドファンディングという実例を知っている。まさに発明、さえたアイディア、共感できるプランこそがもっとも重要な資本であり、そこに信用というかたちで投資がなされ、商品や企画が実現する。アイディアに対する投資をばらばらの参加者から集めて実現しようとするクラウドファンディングは、ばらばらだったものをひとつにまとめると理解された発明と信用の典型例であるといえるだろう。

もうひとつ、経済学から零れ落ちてきたものとして、他者からの影響がある。とくに金融市場において、そうだというのである。ここで、本書でも引用されている金融社会論が重要になってくる。金融論が、実はこの本の、目立たないが核心の一つにあるのである。

そこでは、労働量や、資本量や、土地の肥沃さが問題なのではなく、隣のトレーダーが、あるいは競争相手のトレーダーがどう思っているのか、どう信じているのか、いかにはやく他者よりも判断し、取引を決定し、クリックするのかが、多量の利益や損失に直結する。まさに、金融市場においては、心理と数値がかなり密接になっているのであり、ここにおいて、タルドの議論がもっとも生きる場面となると指摘されている。

そして、二章の後半では、タルドの「資本主義体制」が存在しなかったという主張が紹介されている。その意図は、「資本主義」として、資本を自己増殖していくものとして理解することをやめるべきだということが言われている。資本主義として理解されてきた変化を、具体的な計算技術や会計技術の発明・普及や、金融市場における金融商品の発明と普及とによって分析し理解しようとするものだ。前述の、発明としての資本は、自己増殖するものではない。また、物質資本も、自己増殖するものではない。そして金融資本が、自己増殖していく資本というイメージにもっとも適合しそうな資本であるが、それがやり取りされる現場は、むしろ心理が数値を決定する場であり、法則によって決定されていると考えるには程遠い。こう考えると、資本主義体制は存在しないという主張は、よりその「資本」の発生源に近づき、分析せよという主張だということがわかるだろう。

第三章は、自動調整システムとしての市場や、計画経済を組織する国家などの存在を置かない経済を考えよう、という指摘だ。そうやって調整してくれる「神」がいないということによって、人びとが、それぞれに、うまくまわるような経済・社会の仕組みを発明しなければならない。それこそ、アクター・ネットワーク理論の対象となりうるものだろう。ここでは、経済が社会に埋め込まれているという指摘では不十分だと語られている。経済だけではなく、社会のほうも分析されなければならず、そして社会がもし構造などをもっているのであれば、経済というひとつの構造をもつものを、別の社会という構造をもつものに翻訳したかたちとなり、それだけでは「認識利得がない」と、ラトゥールはやや性急な仕方ではあるがまとめている。

また、社会主義についても、仮にそれが科学を標榜し、客観的にとらえることの重要性を指摘しつづけるものであれば、タルドにとって社会主義は批判すべき対象となる。経済の分析は、社会有機体の分析にもつながってくる。自由市場、国家を相対化するだけでなく、社会そのものについても、再考しなければならないのだ。むしろ、社会主義が賞賛されるべきなのは、その熱意によって繰り返される会議や説得によって、新しい社会をじっさいに作り出していることだ。この社会を作り出す試みを、タルドとラトゥールは肯定している。

では、ラトゥールが肯定的にかたる「リベルテの政治」とは何か？　ここでは、はっきり書かれていない。しかし、人びとが集団を新たに作り出す試みが寿がれているのは明らかであろう。社会は、発明によって作られなければならないのである。そのとき、自己利益の追求のみでは、社会はうまく作れない。より協力が実現するような仕掛け・仕組み作りが必要だということであろう。社会をどう作るかは、そこに参加するアクターたちの結びつき次第であり、そしてその結びつきは、誰かが思いつき、発明しなければならないのだ。そこに、われわれの意思が求められるのであり、政治があるのである。

5　おわりに代えて

本書は、一見「常識」と思われることからまったく逆だったり、「裏」だったり、発想の転換を求めてくるところがあって、わかりにくい部分もあるかもしれない。しかし、レビューなど心理的なものの上昇、クラウドファンディングのような、物質資本ではなく発明資本の重要性など、タルドの『経済心理学』の刊行から一〇〇年以上経過した現在だからこそ理解しやすくなったところが多々ある。本書が広く読まれることによって、タルド-ラトゥールからの影響線が別の何かと組み合わさり、新たな発明が生じてくることを願ってやまない。

最後に、この解説を書いている二〇二〇年は、COVID-19という新型コロナウィルス感染症の世界的なパンデミックが生じ、人命、社会、経済において、非常に大きな変化を被った年となった。タルドは、目に見えない小さなウィルスこそがもっとも偉大な征服者だと論じていたが、それを実感できる時代であった。そして、タルドはワクチンを一つの富だと論じていたが、ワクチンや薬のもたらす安全への信が、いかに重要な財なのかを示す時代ともなった。大きなショックとともに、新たな差異化に向けて動き出している兆しも感じられる。そのような変化の時代に、蓄積ではなく変化に注目し、競争ではなく発明と信頼を、対立を理解しつつも協力を生み出す新たな政治を願うタルドとラトゥールの著作が、広く読まれること、そしてそこから新たな「胚-資本」が芽生えることを願っている。

本書は、人文書院の松岡隆浩さんからお声がけいただいたことから実現の運びとなった。にもかかわらず遅々としてすすまない訳者の仕事を励まし完成に導いてくださり、お世話になったという一言では言い表せないほどである。松岡さんとは、訳者が大学院生になったばかりの頃に出会い、それから気づけば一五年以上経った。こうやって一冊の本をまとめるという仕事を一緒にできたことは感慨深く、大きな喜びであった。作業の遅れで大変なご迷惑をおかけしたことをお詫びしつつ、心からの感謝を記しておきたい。

また、規範×秩序研究会では、訳や解説について検討いただき、有益なコメントをいただいた。記して感謝したい。とはいえ、いうまでもないが誤訳を含めた翻訳の責任は訳者にある。誤訳をできるだけなくすよう努めたが、訳語選択や、ラトゥールの語り口をどう日本語にあてはめるべきか、苦労する場面も少なくなかった。お気づきの点はご指摘いただければ幸いである。

最後に、本書の準備中に誕生した子と、支えてくれた家族への感謝を記しておきたい。

ラ 行

人名索引

著者略歴

ブリュノ・ラトゥール（Bruno Latour）

1947年、フランス・ボーヌ生まれ。現在はパリ政治学院名誉教授、ドイツ・カールスルーエ造形大学教授。哲学、人類学、社会学。主な日本語訳に、『科学が作られているとき』（川崎勝・高田紀代志訳、産業図書、1999年）、『科学論の実在』（川崎勝・平川秀幸訳、産業図書、2007年）、『虚構の「近代」』（川村久美子訳、新評論、2008年）、『法が作られているとき』（堀口真司訳、水声社、2017年）、『近代の〈物神事実〉崇拝について』（荒金直人訳、以文社、2017年）、『社会的なものを組み直す』（伊藤嘉高訳、法政大学出版局、2019年）、『地球に降り立つ』（川村久美子訳、新評論、2019年）など。http://www.bruno-latour.fr/

ヴァンサン・アントナン・レピネ（Vincent Antonin Lépinay）

パリ国立高等工業学校で人類学博士、コロンビア大学で社会学博士を取得。マサチューセッツ工科大学准教授、サンクトペテルブルクの欧州大学教授を経て、現在はパリ政治学院准教授。人類学、社会学。経済・金融・銀行・法システムに関する歴史および社会学に関心をもっている。近年では、ロシアと専門性のポストソヴィエト的な形態についても研究を行なっている。主な著書に、*Code of Finance* (Prinston Universituy Press, 2011)、*Art of Memories* (Columbia University Press, 2019)、*From Russia with Code* (Mario Biagioli と共著、Duke University Press, 2019) など。https://medialab.sciencespo.fr/en/people/vincent-antonin-lepinay/

訳者略歴

中倉智徳（なかくら　とものり）

1980年、広島県生まれ。立命館大学大学院先端総合学術研究科一貫制博士課程修了（博士・学術）。現在、千葉商科大学人間社会学部専任講師。専門は社会学、社会思想史。著書に、『ガブリエル・タルド　贈与とアソシアシオンの体制へ』（洛北出版、2011年）。翻訳に、マウリツィオ・ラッツァラート『出来事のポリティクス』（共訳、洛北出版、2008年）など。http://www.mememimememimesis.com/

情念の経済学
タルド経済心理学入門

二〇二一年一月二〇日　初版第一刷印刷
二〇二一年一月三〇日　初版第一刷発行

著　者　ブリュノ・ラトゥール
　　　　ヴァンサン・A・レピネ
訳　者　中倉智徳
発行者　渡辺博史
発行所　人文書院
〒六一二‐八四四七
京都市伏見区竹田西内畑町九
電話〇七五・六〇三・一三四四
振替〇一〇〇〇‐八‐一一〇三

装　幀　上野かおる
印刷所　モリモト印刷株式会社

落丁・乱丁本は小社送料負担にてお取り替えいたします

ISBN978-4-409-24136-3 C1036

根井雅弘著

現代経済思想史講義

一八〇〇円

京都大学での長年にわたる講義を凝縮した、画期的な現代経済学史。ケインズから現代まで、進展を続ける経済学のエッセンスをコンパクトに解説し、経済的問題の背後に潜む思想をつかむ一冊。

根井雅弘編

経済学（ブックガイドシリーズ基本の30冊）

一八〇〇円

数式だけが経済学ではない！ ベテランから若手まで多彩な執筆陣による、経済学の多様な思想と可能性を示す、バランスのとれた30冊。